KB188831

하늘에 계신이가 웃으심이여 나도 웃나이다

He in heaven laughs. I laugh, too

하늘에 계신이가 웃으심이여 나도 웃나이다

He in heaven laughs. I laugh, too

김 사 라 Kim Sa-rah 지음

가나북스

추천사

– 조 용기 목사, 서울 여의도 순복음 교회

김사라 자매님의 신앙 수기를 읽고 감명을 받았습니다.

눈물의 골짜기를 통과하지 않고는 하나님을 만나기가 어렵다는 것을 신앙인이면 다 알 수 있습니다.

많은 믿음의 선진들도 다 그러했습니다.

그러나 눈물의 골짜기를 통과 한다는 게 얼마나 뼈를 깎는 고통인지 모릅니다.

김사라 자매님의 생생한 삶의 현장을 눈으로 보는 듯 그 영혼의 소리가 내 귓가에 들리는 듯 메아리칩니다.

지난날 나 자신이 통과한 삶의 골짜기를 뒤돌아보며 하나님의 크신 은혜에 젖어 들었습니다.

지금 주님을 만나기 위해, 혹은 주님의 예비하신 축복을 받기 위해

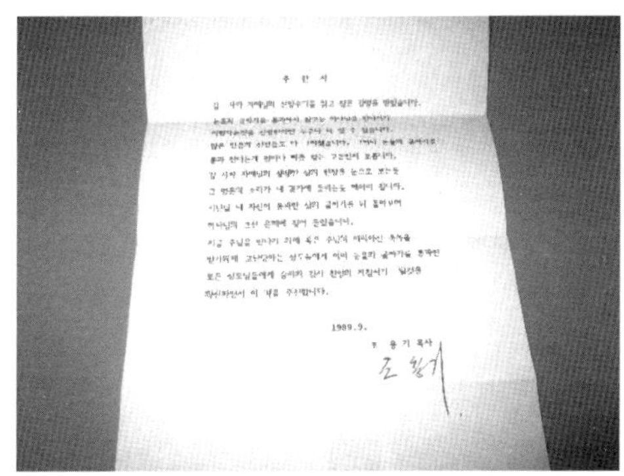

추 천 서

1989.9.

조 용 기 목사

고난 당하는 성도님들에게 이미 눈물의 골짜기를 통과한 모든 성도님들에게 승리와 감사 찬양의 지침서가 될 것을 확신하면서 이 책을 추천합니다.

1989년 9월

– 피 종진 목사, 남서울 중앙교회 원로목사

독일 최대의 시인이며 작가인 괴테(Goethe John Wolfgang)는 말하기를

"나는 배부른 돼지보다 소크라테스를 더 원하며 적어도 3일 동안 굶어보지 않은 사람과는 인생을 논하고 싶지 않다."라고 하였고 "눈물의 빵을 먹어보지 않은 사람은 인생에 참 다운 맛을 모른다"라고

하였습니다.

여기 인생의 멀고 깊은 늪에서 온갖 슬픔과 비극의 거물 속에 잠겨 남몰래 몸부림치던 한 여인의 생생한 삶의 현장과 영혼의 소리가 담겨 있습니다.

김사라 자매님의 신앙 수기는 읽는 이의 가슴속에 새로운 소망과 승리의 삶을 지향해 주며 그리스도의 넓고 크신 사랑을 깨닫게 하여 줍니다.

나는 20년 이상의 해외 성회를 통해 제2, 제3의 김사라를 수없이 만나볼 수 있었으며 예수 안에 있는 위대한 승리가 피곤하고 지친 우리 모두에게 피어나고 있음을 감사드리며 이 책을 지상에 추천하는 바입니다.

1989년

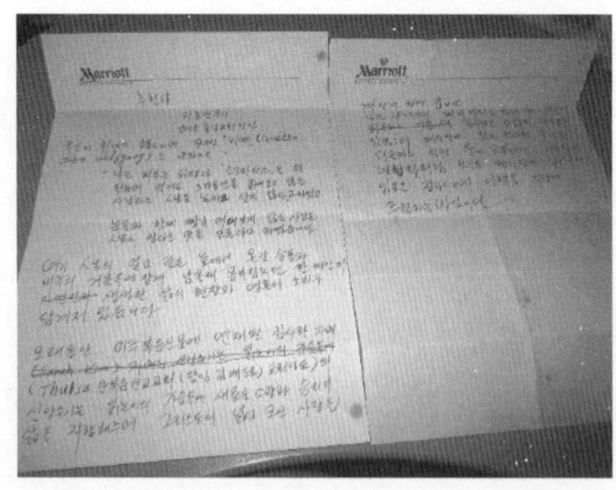
Marriott

Marriott

저자의 말

금방 터져서 없어질망정 그 색깔이 너무나 아름답고 신비해 비눗방울을 많이 만들어 후- 후- 후- 불어 날리기를 좋아하던 소녀가 사춘기가 되었을 때 시원한 뒷동산에 올라가 푸른 하늘에 두둥실 떠 있는 뭉게구름을 바라보며 눈부시게 쏟아져 내리는 햇빛 아래서, 나도 언젠가는 "바람과 함께 사라지다, Love story, 죄와 벌, 대지, 빙점…" 같은 유명한 소설을 쓸 것이라고 꿈꾸는 소녀였습니다.

그러나 미국 사람을 만나 약혼을 하고 태평양을 건너온 후 그 무지개 꿈은 산산조각이 나 바람과 함께 저 멀리 사라져 버렸습니다.

결코 꿈과 낭만으로 이어진 삶이 아니었던 비바람이 휘몰아치는 폭풍 속의 몸부림 속에서 살아온 시간들.

하지만, 참으로 감사하게도 내가 만난 분은 믿음, 소망, 사랑, 영생을 가르쳐 주신 그 이름, 예수그리스도.

저는 비록 유명한 소설가는 되지 못했을지라도 그보다 더 유명한 길이요, 진리요, 생명을 주신 주님을 소개하는 하나님의 자녀가 된 것을 감사드리며 이 글이 영양이 풍부한 영혼의 양식, 진리의 간증이 되기를 기도드립니다.

부족하고 부끄러운 이 책은 옛날이야기도 하면서 쓴 저의 이야기입니다.

지옥으로 떨어지는 많은 영혼들을 어떻게 하면 천국으로 인도할 수 있을까? 기도하던 중, 혹시 제 간증을 읽고 예수그리스도를 영접해 구원을 받고 천국으로 인도할 수만 있다면 이것이 바로 하나님께 영광을 돌리는 것이 아닌가! 생각을 하게 되었는데 하지만, 개인의 삶을 공개한다는 것은 privacy(사생활)를 중요하게 여기고 있는 내게 있어서는 너무나 싫고 참으로 괴로운 일이어서 하나님 명령에 불순종한 요나 같이 못 들은 척하고 있었는데 어느 날 꿈을 꾸었습니다. 차가 복잡하게 왕래하는 도로 옆, 사람들이 왔다 갔다 하는 상점 앞에서 제가 목욕을 하고 있는 것이었습니다.

하나님, 도대체 이 꿈이 무슨 뜻입니까? 물어봤지요.

"예수는 인간의 죄를 위하여 많은 사람들이 보는 앞에서 채찍에 맞으셨을 뿐만 아니라, 발가벗기어 십자가에 달려 못 박혀 피를 흘리며 돌아가셨지 않느냐? 그런데 너는 못은 박히지 않았잖아. 사랑하는 딸아, 네가 싫어도 때로는 복음을 위해 발가벗어야 한다."

불순종의 요나같이 고래 배속에 들어가지 않으려고 저는 순종할 수밖에 없었던 것입니다.

그래서 펜을 들었지요.

저는 이 글을 쓰면서 눈물방울들이 뚝, 뚝, 뚝 떨어져 원고지 위에

잉크가 퍼져, 지도를 그렸으며 파도처럼 철썩이는 마음을 진정시키기 위해 수도 없이 아픈 가슴을 두 손으로 감싸며 얼마나 오열을 했는지 모릅니다.

지금 이 시간에도 하나님을 모르며 이 지구 위에 살고 있는 수십억의 사람들이 문제는 제각기 다르겠으나 온갖 살생과 투쟁, 거짓, 질투, 아픔과 고통 속에서 몸부림치는 분들에게 기쁜 소식(Good news)을 전해주고 싶은 사랑이 내 마음속에서 뜨겁게 끌어 올라 휴거의 종말이 가까운 이때, 빨리 더 많은 복음을 전하고 싶은 간절한 마음에 밤을 지새우며 글을 쓰고 있는 이 시간에도 주님의 도움을 구하고 있습니다.

연약하고 부족하지만 저의 모든 마음과 정성, 시간을 다 바쳐 성령님의 도우심으로 쓴 책, 하늘에 계신 이가 웃으심이여 나도 웃나이다(He in heaven laughs. I laugh, too)의 간증이 광야에서 외치는 사랑을 담은 피리 소리가 되어 모래알같이 많은 사람들이 예수님을 주로 모셔드려 구원을 받는 역사가 일어나길 원합니다.

출판사 서평

김사라 작가님의 원고를 받고 주저함 없이 출간을 약속할 수밖에 없었다.

왜냐하면 필자와 같은 처지의 삶을 걸어온 독자들이 많이 있겠다는 생각과 이 책을 통하여 그러한 상황과 환경에 있는 분들에게 이 글로 인해 치유와 회복, 삶의 활력을 얻게 될 것이라는 확신을 얻었기 때문이었다.

하지만, 원고의 내용은 너무도 진솔하면서도 감동이 있지만 글의 표현이나 문장, 맞춤법, 띄어쓰기 등의 난제로 책으로 펴내기에는 출판사 입장에서 여간 어려운 부분이 아니었다. 출간하기 곤란하다고 정중히 거절하려고도 생각했지만, 한국에 계신 조카님의 소개로 작가님의 큰언니와 함께 직접 찾아 방문해 오셨는데 실망시켜드릴 수가 없기에 출간해 드리기로 약속했다.

그도 그럴 것이, 김사라 작가님은 일찍이 미국 생활을 시작했기에

미국의 문화나 언어에는 익숙하지만 한국에서는 외국인이나 다름없기에 그럴 수밖에 없다고 생각되었다.

그렇다고 출판사에서 문장이나 문맥을 바꿔 다듬어 주려다 자칫 작가의 생각을 벗어나 다른 글로 표현될 수가 있기에 그저 이해하기 어려운 부분만 정리해서 드리고 원문은 살려 내보내는 것이 글쓴이의 순수한 마음을 독자에게 전달하는 데 오히려 도움이 될 것이라 생각했다.

독자분들께서 이점을 애교로 봐주시고 읽어 주시기를 부탁드린다. 이 책 〈하늘에 계신이가 웃으심이여 나도 웃나이다〉의 만남을 통해 여러분의 인생에 큰 활력소가 되기를 원하며 주님을 진정으로 만나 모든 고통에서 해방되시기를 기대한다.

차 례

제1부

미국을 향하여

캔자스주 정춘시에 살다

지난 이야기들

자살 아닌 자살 소동

천국인가? 꿈인가?

폴의 만남

취직을 하다

추수 감사절 앤

전근

마리네 집에서의 생활

헛되고 헛되며 헛되고 헛되니

거듭남

애리조나주 피닉스시에 가다

미국을 향하여

아지랑이가 아른거리는 쌀쌀한 이른 봄. 앙상한 가지에선 봄이 온다는 냄새라도 맡은 듯 푸른 싹들이 온갖 힘을 다해 삐죽삐죽 주둥이를 내밀면서 자기들의 계절을 알리고 있었다.

자식은 내리사랑이라는데 그것도 하필이면 다 키워 논 막내딸이 미국 사람이 좋다고 멀리 미국 나라로 시집을 간다니까 엄마의 마음속이 몹시 타는지 안절부절못하며 불안해하신다.

교육자의 가문으로 봉건적인 친척들은 사라 때문에 김 씨 가문에 먹칠을 하여 집안 망신 시켜놓아 창피하다고 목소리를 높였고 길에서 우연히 마주쳐도 고개를 돌려 못 본척했을 뿐만 아니라 우리 부모님에게 막내딸 가정교육을 잘못 시킨 탓이라고 눈치를 주어 어머니는 나를 미국 사람에게 결혼을 안 시키려고 당신이 나가시는 천주교 미국 신부님까지 집에 모시고 와서 충고하며 말리셨고 눈물을 흘리시며 온갖 방법을 다 썼으나 결국 내 고집을 꺾지 못했다.

1973년 3월 22일 뉴욕 비행기에 몸을 실어 김포 공항을 떠나 구름 속을 뚫고 조국 강산을 뒤로하고 말로만 듣고 그림으로만 보아 온 부자 나라인 미국 땅으로 향하는 내 마음은 꿈과 낭만으로만 부푼 것이 아니라 모든 풍습과 습관이 다르고, 언어가 통하지 않는 나라에 가서 어떻게 잘 적응을 할 수 있을까 하는 두려움도 있었는데 그런 나와는 달리 내 옆에 앉아 있는 갈색 눈의 내 약혼자는 자기 나라에 간다는 기쁨으로 들떠 있다.

집을 떠나던 날, 이제 헤어지면 이역만리에 떨어져 있어서 얼굴도 자주 보지 못하고 살아야 한다는 생각 때문이었는지 마치 내가 도살장으로 끌려가는 소같이 보였나 보다.

흐느껴 우시면서 복받쳐 오르는 슬픔을 참으려고 애쓰시던 주름 깊이 파지신 메마른 어머니의 얼굴이 뭉클 아픔으로 다가와 내 가슴을 마구 북소리를 내며 두들겨 때렸다.

무슨 말을 해야 좋을지 몰라서 먼-산만 바라보고 계시던 아버지. 오빠, 언니들의 근심의 얼굴, 인사하는 조카들. 가슴 깊이 사랑하면서도 덥석 끓어 않고 아쉬운 정도 나누지 못한 채 소리 없이 눈물만 주르르 흘리는 한국 사람이나 알 수 있는 그런 가슴.

비행기 안에서 내 마음은 사랑하는 부모 형제를 두고 멀리 떠난다는 아쉬움과 슬픔 그리고 그이와 이성의 사랑, 행복, 미지의 나라에 대한 꿈, 등으로 뒤범벅이 되어 있었다.

밤과 낮으로 끝도 없을 듯이 계속 나르던 기체가 하와이에 도착해 몇 시간 쉬는 동안 대합실에서 나와 하와이 섬의 특유한 날씨에 재킷을 벗고 야자수 냄새를 맡으며 나무 그늘 아래로 거닐 때는 낭만에 젖어서 정말로 내가 미국 땅에 오기는 왔구나 하는 벅찬 기분이 들었다.

폴의 집으로 가기 위해서 LA를 걸쳐 또 비행기를 갈아타고 뉴멕시코주 앨버커키시 비행장에 도착해 대합실을 나올 때는 캄캄한 밤이었는데 함박눈이 펑, 펑, 펑 쏟아지고 있었다.

'한국에는 봄 날씨였는데 와~ 이곳에는 눈보라가 시베리아 벌판같이 휘몰아치는구나!'

택시를 타고 산타페이시로 달리는 내 마음에선 나는 가난한 한국 땅에서 자라 부자 나라로 시집을 가는데 혹시 실수하는 것이 있으면 어쩌나, 하는 긴장감이 들었다.

캄캄한 밤 길 속에 헤드라이트 빛으로 보이는 미친 듯이 춤을 추는 커다란 눈송이들이 나의 많은 공상들과 뒤엉켜 어지럽게 휘날린다.

푹 푹 푹 쌓이는 눈길을 헤치면서 별로 집도 안 보이는 고속도로를 한 시간 정도 달리고 나니 그이 말이 어머니 집에 다 왔다고 했다.

긴 긴 여행 끝에 드디어 다다른 곳은 기차 칸 같은 곳에다 바퀴를 단것 같은 트레일러하우스 그것도 이웃이란 눈을 씻고 찾아봐도 보이지 않고 사막 같은 허허벌판에 딱 한 채뿐이다.

'어머, 미국 사람이 이런 집에서도 사나?'

나는 눈을 똥그랗게 떴다.

미국은 세계에서 제일가는 부자 나라이고 일등 국민이라서 높게 세워진 빌딩들과, 아름답게 핀 꽃들과 나무들로 잘 다듬어진 정원 속에 멋진 집을 짓고 천국같이 살 것이라고 상상을 하고 있었는데 끝도 안 보이는 들판에 기차 칸 같은 집을 끌어다 놓고 살고 있다니.

좀 더 깊이 생각해 보았더라면 미국에도 도시와 시골 부자와 가난한 사람들이 있는 것이 당연할진대, 나는 그림으로만 보아온 멋있는 '자유의 여신' 동상이 서 있는 어마어마한 뉴욕시만 생각이 나서 미국은 부자 나라라는 맹목적인 선입감 때문에 가난한 사람들이 있다는 사실을 까맣게 잊고 있었던 것이다.

더군다나 내 약혼자 폴은 잘 생겼을 뿐만 아니라 얼마나 깨끗하고 멋쟁이인가?

나는 꿈속에서 방금 깨어난 듯 어리둥절한 기분으로 성난 듯이 아우성치는 눈송이들로부터 매를 맞으며 밤 12시가 가까이 오는 캄캄한 밤 눈빛 속에 멍하니 서 있는데 초인종마저 망가졌는지 폴이 문을 두드린다.

"어머니! 어머니!"

다급히 부르는 소리에 개가

"캉 캉 캉! 컹 컹 컹!"

마치 금방이라도 죽일 것 같이 악을 쓰며 짖어대는 소리가 한밤중의 고요를 깨트리고 요란하게 울려 퍼지면서 밤하늘에 메아리친다.

"누구세요?"

깊은 잠을 자다가 깬 어머니는 겁이 나 문을 열어 줄 생각은 안 하고 다그쳐 묻기만 하는데 개 짖는 소리가 너무나 시끄럽게 사람 소리와 합쳐 왕왕댄다.

"폴이에요."

"누구라고?"

"당신 아들 폴이 왔단 말이에요."

"뭐라고 폴이라고? 와!"

마침내 환송의 소리가 터져 나오더니 문이 열렸다.

"어머니, 내 약혼자 사라예요."

그이의 소개에 나는

"처음 뵙겠습니다."

인사를 하며 웃어 보였다.

"만나서 반가워요, 어서 들어와요"

어머니 앤은 우리가 예정보다 며칠 앞서 그것도 오밤중에 들이닥치자 혹시 강도인줄 알고 들고 있던 긴 총을 내려놓고(서부 영화에서 본 듯한 장면) 어쩔 줄을 몰라 좋아서 야단이다.

나는 그이의 뒤를 따라 조심스럽게 안으로 들어섰다.

집안은 정신없이 어질러져 있었는데 밥상 테이블과 티 테이블 위에는 담배꽁초가 수북하게 쌓여 있는 재떨이와 빈 맥주 깡통들이 여기저기 있고 싱크대 안에는 설거지도 안한 그릇들이 수북이 쌓여 있다.

놀란 것은 어린 송아지만큼이나 큰 털이 북실북실한 개와 진돗개만 한 개가 집안 거실을 왔다 갔다 하고 소파에 앉아서 '야옹' 대는 고양이도 눈에 보이는가 하면 손바닥만 한 거북이도 방바닥을 굼실굼실 기어 다니고 있었다.

폴이 검은 개를 가리키며 이름이 뭐냐고 물으니 '걸'이라고 대답하면서 얼마 전에 걸이 새끼를 11마리나 낳아 지금 창고 안에 있다며 자랑스럽게 말한다.

아들이 한국에서 군 복무를 마치고 돌아왔다고 끌어안고 키스 세례를 퍼부으며 좋아서 야단이다.

그리고 나에게도 키스를 해 주면서 반갑다고 활짝 웃었다. 봉건적인 한국에서 자란 나는 속사랑은 많이 받았으나 끌어 앉거나 키스하는 표현에는 익숙하지 못해 쑥스러웠지만 '로마에 가선 로마 사람이 돼라'는 말이 떠올라 자연스럽게 어울렸다.

잠시 후 앤이 "진! 진!" 이름을 부르니 어느 중년 남자가 눈을 비비며 잠옷 바람으로 침실에서 어정어정 걸어 나왔다.

그이 말로는 어머니와 캔디 (폴의 배다른 여동생) 하고 둘이 산다고 했는데 이 남자는 누구일까? 궁금해서 눈치만 보고 있는데 "이 분은 내 남자 친구"라고 소개를 시키고는 어머니 앤은 살이 비치는 잠옷은 갈아입을 생각은 안 하고 애인의 무릎 위에 어린아이같이 올라앉아서 담배를 집어 드니 진이 얼른 성냥을 집어 불을 붙여 준다.

와! 한국에서는 생각할 수도 없는 예의인데 무슨 영화를 보고 있는 것 같은 느낌이랄까? 내가 정말로 다른 세계에 오긴 온 것이로구나!

잠시 후 앤이 쌍둥이 딸한테 전화를 해 폴이 왔다고 전하니 한 20분 후에 쌍둥이 누이 중 마라가 꽤 괜찮은 애인을 데리고 달려왔다.

1973년 그 당시 한국에서는 통행금지라는 법이 있어서 밤 12시만 되면 엥~ 사이렌이 길게 불어대고 그 후부터 새벽 5시까지는 아무도 밖에 나갈 수가 없어 꼼짝 달싹도 할 수가 없었는데 미국 땅은 24시간 아무 때나 자유롭게 다니는 것이 신기했고 또 모두 자기 차를 갖고 있어서 가고 싶은 데로 마음대로 왔다 갔다 하는 것이 멋있고 근사했다.

어쨌든 부자 나라는 부자 나라구나!

마라는 동생 폴을 보자마자 깡충깡충 뛰면서 환성을 지르며 끌어안고 키스를 퍼부으며 반갑다고 기뻐하며 나한테도 꽉 끌어 안고 키스를 해 주고는 "사라, 폴이 너하고 결혼을 한 다니까, 내 친구 알락슨이 울었단다. 왜냐하면 그녀가 폴을 사랑하고 있었지." 말을 하면서 환하게 웃고 있지 않는가!

자세히 보니 둘째가라면 서러울 정도의 미녀였는데 어디서 술을 마시다 왔는지 입에서 풍기는 술 냄새가 거실을 진동시켰다.

미국은 자유의 나라라더니 행동도 자유, 말도 하고 싶은 대로 다 해 버리니 스트레스는 쌓이지 않겠구나!

미지의 부자 나라에 간다는 기대와 무지개 꿈으로 들떠 있었던 내가 이곳에 도착하기까지의 삼일 동안이나 긴 여행을 하면서 비행기 속에서, 아니면 비행장 대합실에서 두 다리도 못 펴고 잠도 제대로 편히 자지 못한 탓에 온몸이 무겁고 피곤해 지루했다.

한참 후에 마라와 그녀의 남자 친구는 가버렸고 앤이 우리에게 잠을 자라고 지정해 준 곳은 거실에 있는 오래된 소파, 개와 고양이가 올라갔다 내려갔다 한 바로 그 소파인데 잡아 빼니 곧 침대가 만들어졌으며 시트와 납작해진 베개 색 바랜 담요를 갖다 주면서 자라고 했다.

나는 화장실로 뛰어 들어가 문을 잠가 놓고 울컥 쏟아져 나오는 눈물을 억제할 수가 없어 소리 없이 울다가 아무렇지도 않은 척 조용히 나왔다. 나는 잠자리가 바뀐 것은 둘째로 치고 고양이, 거북이, 개들과 함께 어울려 사는 거실에서 잔다는 그 자체가 생각만 해도 몸이 근질근질하고 모든 신경이 곤두서서 이리 뒤 척, 저리 뒤 척 몸을 비틀다가 겨우 잠이 들었는가 싶었는데 웅성거리는 소리에 눈을 뜨니 벌써 아침이다.

물에 밴 솜처럼 몸이 무겁고 어지러웠지만 정신을 차려서 억지로 일어나니 엄마 말이 남자친구 진이 오늘 재판소에 재판을 받으러 가야 하는데 우리도 같이 가잔다. 무슨 영문인지를 모르는 나는 눈을 똥그랗게 떴다.

불편한 비행기 속에서 또는 공항에서 기다리는 등 삼일이나 걸린 긴 여행 끝에(한국-하와이(짐 조사)-LA-앨버커키-산타페이, 1973년에는 미국에서 하와이까지 오는 데만 18시간 이상 걸렸다.)

미국 땅에 와서 잠깐 동안 잠을 자고 눈을 뜬 첫날부터 재판소엘 가자니 웬 말인가!

당시에는 미니스커트가 유행인 때라 나는 그이가 좋아하는 보라색 미니스커트에 부스를 신고 재킷을 걸치고 나섰다.

어머니의 옷차림을 보니 빨간색 미니스커트를 입고 쭉 빠진 다리를 자랑했다. 진이 운전석에, 앤은 앞좌석, 그이와 나는 뒤에 앉았다.

폴이 시어머니 될 사람과 며느리 될 사람이 똑같이 미니스커트를 입은 것이 민망했든지 한마디 던졌다.

"어머니, 스커트가 너무 짧은 것 같은데요."

"짧기는 뭐가 짧다는 거니? 요새는 미니스커트가 유행 인지라 안 입고 다니는 사람들이 없는데 난 이제 마흔이 좀 넘었을 뿐이야."

예쁜 사춘기 때 일찍 결혼을 한 앤은 창피하다거나 미안한 기색이 있기는커녕 비유에 거슬린다는 듯이 톡 쏴 부쳤다.

젊은 내가 미니스커트를 입지 말 것을 후회와 함께 내 얼굴이 화끈 달아올랐다.

'나이에 상관없이 옷 입는 것도 자유의 나라구나.'

모두가 우울하고 무겁고 심각한 표정들을 지으며 재판소 안에 들어가니 재판관과 변호사 등 서너 명이 앉아 있었고 한참 동안 논쟁을 하고 난 후 진은 6년이라는 유죄형을 받았는데 만일 감옥생활을 안 하려면 많은 돈의 벌금을 물어내야 한단다.

나는 미국 땅을 도착한 후 첫날밤을 지난 후라서 어려운 영어를 잘 이해할 수가 없어 대강 그렇다는 것만 눈치챘지 진이 무엇을 어떻게 잘못했기에 그렇게 긴 형을 받아야 하는지 그 이유는 알 수가 없었다.

그러나 저러나 진 문제는 그렇다고 치자, 시청에서 비서 중에서도 수석 비서로서 직업도 괜찮고, 미녀인 데다가 몸매도 멋진 앤이 왜 하필이면 저런 남자를 애인으로 삼았는가? 이것이 내 머리로서는 이해가 안 갔다.

아무튼 긴장과 초조함, 피곤하고 지루함 끝에 집으로 돌아왔을 때는 끝없이 펼쳐진 뉴멕시코 서쪽 하늘 벌판에 새빨간 물감이란 물감은 모두 다 하늘에다 쫙!~ 풀어놓은 듯이 온통 붉게 물들어 있었는데 지글지글 타는 해가 마지막의 찬란한 빛을 눈부시게 발하면서 땅속으로 숨어 들어가듯 기울고 있었다.

이튿날은 쌍둥이 누이 중 결혼을 해서 사는 마리가 초대를 해서 그녀의 집을 방문했는데 마라와 똑같이 생긴 미녀였으며 남편 짐과 함께 우리를 반갑게 맞이해 주었다.

집안을 둘러보니 모든 것이 깨끗이 정돈되어 있으며 예의가 바르다.

'후~ 마음이 편안한 집이구나.'

나는 안도의 쉼을 내쉬고 마리는 오랫동안 못 본 동생이었는지라 기뻐서 이말 저말 대화를 나누는데 더구나 짐과 폴은 친구 사이여서 시간 가는 줄 모르게 이야기꽃을 피우며 저녁 식사를 하고 게임도 하고 많이 웃으며 재미있게 놀다가 늦은 밤이 되어서야 우리는 엄마네 집으로 돌아왔다.

폴과 나는 결혼식에 대하여 상의했다.

한국에 있었을 때 우리 식구들이 모두 모인 가운데 약혼식 겸 저녁식사를 했는데 그때 그이는 나를 위하여 커다란 다이아몬드 반지를, 나는 폴을 위하여 백금 반지를 준비했기 때문에 이곳에서는 식만 올리면 되었다.

결혼식은 누나 마리가 나가는 교회에서 하기로 하고 마라는 내 웨딩드레스를 직접 만들어 준다고 했다.

결혼 준비를 하느라고 쌍둥이 누이들이 나를 이곳저곳 데리고 다니는 바람에 시간이 빨리 지나갔다.

1973년 4월 6일 금요일

많은 촛불을 켜 놓고 폴의 식구들과 친척들이 모인 가운데 간소하게 결혼식을 올렸다. (돌이켜 보면 미국 풍습의 결혼식은 신부 측에서 준비를 했어야 했는데 나는 신랑 측에서 모든 준비를 해 주었으니 미안했고 고맙다.)

결혼식이 끝난 후 마라네 집에서 축하 파티를 해 주었는데 모두들 술을 마시며 춤을 추고 나는 콜라를 마시며 그이와 슬로 댄스에 발을 맞췄다.

당연히 기뻐해야 할 결혼식인데 왠지 나는 즐겁기보다는 오히려 초조하고 불안하구나. 내가 그이를 사랑하고 폴도 나를 사랑하고 있는데 왜 그럴까?

곰곰이 생각해 보니 마리 외에는 식구들이(어머니, 마라, 폴) 매일 매일 하루도 빼놓지 않고 술을 마시고 질서 없는 생활을 하고 있는 것이 내 가슴을 불안하고 무겁게 내리누르고 있는 것 같았는데 어떻든 폴과 사라는 이제부터 정식 부부가 된 것이다.

나는 그이를 진정 사랑하고 우리는 젊고 건강하고 꿈도 많다.

"사라, 기쁜 날에 부정적인 생각은 하자 말자꾸나."

그런데 고향 식구들이 그리워서 눈물이 핑 돌았다.

친척, 친구, 아무도 없는 낯설고 물 설은 곳.

말도 잘 안 통하는 곳에 사랑 하나만 믿고 따라왔는데 앞으로 어떠한 삶이 이어지려나.

그이의 말에 의하면 어머니는 폴이 두 살 때, 쌍둥이 누나 마리와 마라가 네 살 때 남편과 이혼을 하고 위스콘신주에서 뉴멕시코주에 있는 산타페이시로 이사를 와 직장 생활을 하며 어린 삼 남매를 키우며 두 번 더 결혼을 했으나 또 이혼, 사별을 했단다.

풍랑이 많았던 그녀의 삶.

그래서 직장 일이 끝나기만 하면 하루도 빠짐없이 맥주나 위스키를 사 들고 와서 마시거나 아니면 빠에 들려서 기분 풀이를 하는 알코올 중독자가 돼 버렸단 말인가?

그리고 불안정한 가정에서 보고 자란 자녀들은 성장한 후에도 술집이나 당구장 같은 곳에 재미를 붙이고 파티나 찾아다니는 취미 생활을 하게 되었는가?

하지만 쌍둥이 누이 중 마리만은 교회에 착실히 나가는 기독교인 생활을 하고 있었다. 남편 부모님의 영향을 받은 것이었는데 나는 크리스천은 아니었지만 진실한 마리네 집에 가는 것이 마음에 평안이 와서 좋았다.

한 달 휴가를 시어머니 집에서 보내는 동안 희한한 일은 폴과 내가 먹는 음식은 우리가 사 와야 하는 것이었다.

한국 어머니 들은 아들이 군대 갔다 오면 좋아서 떡을 해 놓고 이웃들과 나누어 먹으면서 축하를 해 주었는데 앤은 매일 저녁 술 사 먹을 돈은 있으면서 오랜만에 그것도 외동아들이 모처럼 집에 왔는데 물론 여유 있는 생활은 아니었지만 스테이크 하나 사서 구워 주는 사랑을 베풀지 못하는 모성애였다.

말, 큰 개 두 마리와 새끼 열한 마리, 고양이, 거북이 애완동물들을 키우는데 소비하는 돈 만해도 만만치가 않았는데 즉 돈을 있는 대로 모두 다 써 버릴 줄만 알았지 저금을 할 줄 몰랐다.

그러나 그것은 둘째로 치자, 최고의 문화 시설을 갖추어 놓고 살면서 얼굴을 예쁘게 화장을 하고 모양을 내는 데는 부지런한데 자식들과 며느리 앞에서 체면을 세우지 못하는 것이 더 안타까웠다.

아무튼 지저분하게 살 수는 없으니까 시어머니가 직장으로 출근을 하면 거실에서 왔다 갔다 하는 송아지만 한 두 마리의 개와 고양이를 밖으로 내쫓아 버리고, 거북이도 박스 안에 집어넣고 정신없이 어질러진 집안을 부지런히 깨끗이 치워 놓은 후 그이와 시내로 나와 음식도 사 먹고 구경도 하며 또는 마리네 집에 가서 놀다가 잠이나 자러 들어오곤 했다.

주말에는 초등학교에 다니는 캔디의 말을 빌려 타고 넓고도 넓기만 한 들판을 천천히 돌아다니며 그럭저럭 시간을 보내면서 한 달 휴가를 마치고 그이와 나만의 보금자리를 만들려고 폴의 근무지인 켄사주에 있는 정춘시를 향하여 차를 달리던 날은 마치 목욕을 한 후 새 옷으로 갈아입은 것 같이 기분이 좋고 상쾌했다.

떠나던 날, 작별 인사를 하는데 시어머니의 얼굴을 보니 얼굴색 하나 변하지 않고 눈물 한 방울도 흘리지 않으며 담담하다.

나는 고향에 계신 우리 어머니를 그려보았다.

내가 어린 시절, 둘째 언니가 시골에서 교편생활을 하실 때 기다리던 방학이 되면 도시에 있는 집에 왔는데 한 달 휴가가 다 끝나서 언니가 떠나야 할 날이면 엄마와 나는 늘 버스정류장까지 마중을 나간다.

“어머니 안녕히 계세요.”

언니가 작별 인사를 하면 그때부터 어머니는 눈물을 주르르 흘리신다.

"울긴 왜 우세요. 머지않아 봄 방학이면 또 올 텐데."

"그래 알았다. 몸조심하고 잘 가거라."

대답은 그렇게 하시면서도 그리운 정에 또 우시니까 언니도 훌쩍 훌쩍 따라 운다.

옆에 있는 나도 코가 찡해져서는

"왜 이렇게 정류장에서 우세요. 언니는 또 올 것이고 불과 몇 시간 이면 갈 수 있는 거리에 사는데 아주 못 볼 사람들처럼 울어대니 창피해요."

목이 메어 말은 이렇게 하지만, 내 눈에서도 눈물이 핑 돈다.

우리 어머니의 무조건적 희생의 사랑은 참으로 색깔이 진하고 바다같이 깊은 것이었다. 그뿐이랴, 우리 집에서 내가 다니는 여학교를 가려면 약 30분 이상을 걸어가야 하는데 중심지인 시내를 걸쳐야 학교가 나오고 가는 도중에 극장이 넷이나 있었다.

그래서 영화 프로는 외우지 않으려고 해도 다 알 수가 있었는데 좋은 영화가 들어왔을 때는 학교가 파한 후에 친구들과 함께 학생 관람 영화 구경을 갔었는데 끝나고 나면 보통 캄캄한 밤이었다.

사춘기였던 나는 좋은 영화였다고 황홀해서 집으로 오지만 어머니는 한길 가에 나오셔서 초조하고 불안한 마음으로 막내딸을 기다리고 계시다가 나를 보면 반색을 하며 왜 이렇게 늦었느냐고 묻는다.

"난 무슨 사고라도 나지 않았나? 무척이나 걱정을 했지."

그때서야 안심하며 내 책가방을 대신 들어주시며 집으로 들어와 따뜻한 밥상을 차려 주셨다.

어머니는 밖에서 얼마나 오랫동안 초초하게 서서 사춘기의 막내딸을 근심하면서 기다리고 계셨을까?

그때만 해도 옛날이라 전화가 있는 집이 손가락으로 셀 정도였으므로 전화가 없으니 미리 알려 드릴 수도 없고 그렇다고 집에 와서 허락을 받고 가자니 이중으로 번거로워 시간 낭비인지라 집에 가는 길에 그냥 쑥 들어가 구경을 하곤 했었다.

또 생각나는 것은 직장 생활을 할 때였다. 그 당시 무척 예민하고 센티멘털 했던 나는 살기도 죽기도 울기도 웃기도 싫었을 뿐만 아니라 세상만사가 다 허무하여 실증과 짜증의 대상으로만 여겨 방구석에 틀어박혀서 책만 읽고 잠이나 자며 말도 안 하고 지내던 적이 있었다.

즉, 인생무상 철학에 빠져 우울증에 걸려서 입맛을 잃어 밥을 먹을 수가 없었다.

어머니는 나 때문에 걱정으로 가득 차 밥상을 차려서 내방으로 가져오곤 하셨는데 입맛이 달아난 나는 한 숟가락도 입에 대지 않고 부엌으로 다시 내간다. 이러기를 자주 되풀이하니 엄마는 속이 많이 상하시면서도 머리가 다 큰 사랑하는 막내딸을 야단치는 것마저 마음이 아프셨는지 그때부터 어머니도 식사를 안 하시면서

"네가 밥을 먹을 때까지 나도 안 먹으련다."

하시며 금식 아닌 금식을 둘이서 같이했다.

어머니의 무조건 사랑은 귀찮을 정도여서 할 수없이 나는 항복의 두 손을 들고, 밥이 먹혀서가 아니라 엄마가 굶으시는 게 싫어서 억지

로 먹기 시작하는데 딸 셋, 아들 하나 중에 막내인 나를 너무 어리광 피우게 놔두어 사랑이 그리운 줄 모르며 살았다.

'하나님이 모든 곳에 계실 수가 없으므로 어머니를 만들었나 보다.'라고 누군가가 쓴 글을 읽은 적이 있는데 우리 엄마도 얼마나 당신 자신을 모두 다 희생하시면서 자식들을 사랑하는지 마치 자식들을 사랑하기 위해 이 세상에 태어나신 분 같다고 생각이 들 정도로 언니 둘과 오빠도 끔찍이 사랑을 하셨다.

나는 엄마가 보고 싶을 때마다 이런 글이 떠오른다.

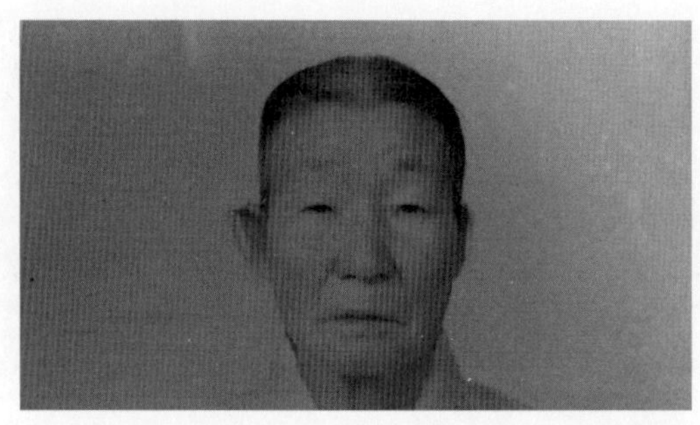

하루는 하나님께서 천사를 불러서,

"너는 땅으로 내려가 세상에서 가장 아름다운 것들 중에서 세 가지만 골라서 하늘로 가져오너라."라고 명령을 하셨더란다.

천사는 곧 지구로 내려와서 아름다운 것 들을 찾아다니는데 제일 먼저 눈에 들어온 것은 동산에 가지각색으로 만발하게 피어 있는 꽃들은 정말로 이루 말할 수 없이 황홀하고 아름다웠다.

그래서 '이 꽃들이야말로 참으로 아름답구나.' 생각하며 꽃을 가져

갔다.

다시, 여기저기 두루 다니면서 살펴보다가 천사는 엄마 품에 안겨서 방실방실 웃고 있는 아기의 모습을 보게 되었는데 방끗방끗 웃고 있는 아가의 얼굴은 그 무엇에도 비교할 수 없을 만큼 귀엽고 아름다워 망설임 없이 '아가의 웃는 얼굴'을 두 번째로 택했다.

그러고 나서 무심코 아기를 안고 있는 그 어머니의 얼굴을 쳐다보게 되었는데 아가를 바라보는 얼굴에는 사랑으로 가득 차 넘쳐 광채가 나 있었다.

셋째는 '어머니의 사랑'이구나 생각하고 결정을 내린 천사는

'아름다운 꽃'

'방실방실 웃고 있는 아가의 얼굴'

'어머니의 사랑'

이 세 가지를 선택해서 하늘로 올라가는 도중에 그 아름답고 향기로웠던 꽃들은 다 시들어 추해 버렸고 천사 같았던 아가의 얼굴은 성장해 무서운 악마의 얼굴로 변해 있었다.

하지만, 어머니의 사랑만큼은 하나도 변하지 않고 그대로 남아 있었으니 이 세상에서 가장 아름답다고 하나님께 바친 것은 오직, '어머니의 사랑'뿐이었단다.

물론 이 이야기는 지혜가 많으신 어느 분이 쓰신 동화이겠지만 문화와 정서가 전혀 다른 시어머니를 쳐다보면서 '어쩌면 저렇게 메마르고 냉랭한 어머니가 있을까? 저런 엄마 밑에서 자란 폴의 성격이 과연 정상일까?' 염려가 됐다.

캔자스주 정춘시에 살다

셋집을 얻어서 살림을 시작해 '사랑하는 남편과 나' 단둘이서만 사니 이제부터는 정말로 재미나게 열심히 살아야지 생각하며 새 희망으로 부풀어 올랐다.

폴은 새벽 5시면 일어나서 군화를 광이 뻔쩍 빤짝 나도록 닦고 나는 커피를 끓이고 정성 들여 군복을 다려 놓으면 6시에 폴이 집을 나서고 나는 아침 일찍부터 별로 할 일이 없어서 다시 침실로 들어가 늦잠을 자고, 일어나 청소하고 세탁기에 빨래하고, 저녁 준비를 다 해 놓아도 시간이 남아돌아가 뜨개질을 하면서 TV를 보다가 그이가 10시쯤 침실에 들어가면 나도 따라 들어가 잠을 청하나 젊은 여자가 심한 육체노동을 한 것이 없으니 피곤할 리가 없다. 그래서 그이가 잠이 들면 침실에서 빠져나와 거실에서 TV 볼륨을 줄여놓고 밤새도록 영화나 쇼를 본다.

내가 잠이 들만하면 그이가 일어나고 그러면 나도 일어나 커피를 끓이고, 군복을 다려 놓고, 폴이 출근을 하면 나는 다시 침실로 들어가 한잠 자고 청소와 집안일을 해 놓고 그이가 오면 밥 먹고 또 TV를 보고.

이런 날들을 똑같이 반복하며 지내고 보니 지루하고 답답해서 견딜 수가 없는데 남편은 술에 취해서 늦게 들어오는 그런 날들이 점, 점, 점 더 잦아졌다.

젊고 건강한 여자가 두더지 마냥 방구석에 가만히 앉아 있어서는 안 되겠다 싶어서 우선 운전 학교에 나가 면허증부터 땄다.

한국 오빠한테서 편지가 오기를 다른 사람들은 공부를 하기 위하여 미국으로 유학도 가는데 너는 이미 미국 땅에 살고 있으니 간호학교를 가던가 무슨 기술학교라도 가서 특기를 배워 두면 나중에 좋을 것이니 꼭 학교를 다니라는 신신당부를 하는 편지가 왔다.

그런데 나는 왠지 간호원이 되는 것은 어려서부터 싫었다.

첫째는, 내 삶을 항상 병자들만 돌보면서 살고 싶지 않았고 둘째는, 뾰족하고 기다란 주사기를 보기만 해도 몸서리 처질만큼 무섭고 만지기 싫도록 내 적성에 맞지 않았기 때문이다.

'오빠의 충고는 감사히 받겠습니다만, 나는 간호원이 되는 것은 취미에 안 맞을 뿐만 아니라 또 내가 사는 곳엔 간호학교가 없어 못 간다고.' 답장을 보냈다.

그런데 학교 다닐 때 영어 공부를 열심히 하긴 했지만 사실 지금 얼마나 많이 알고 있는가?

알아듣는 것은 그런대로 좀 알아듣겠는데 대화를 하려면 영어 발음이 틀려서 내가 무슨 말을 하는지를 상대방이 깨닫지 못하니 답답하고 말하기조차 두려워졌다.

그러니 괜찮은 직업을 갖기는 다 틀렸고 그렇다고 하루 종일 남편이 집에 올 때만 기다리고 있자니 지루한 감옥살이다.

그래서 신문 광고를 보고 찾아낸 직업이 겨우 호텔 청소부였는데 뭐, 집에서 노느니 시간을 보내기 위해서라도 영어를 잘 못해도 되는 청소부나 해 보자고 결정을 하고 그이와 의논을 하니 직업에 귀천이 없는 나라인지라 네 마음대로 하란다.

나는 호텔 청소부가 되어 손님들이 잠을 자고 난 시트를 갈고, 화장실을 닦고, 테이블의 먼지를 털어내고 진공청소기로 바닥을 밀고, 장미꽃 향이 나는 스프레이를 방안에 살짝 뿌린 다음 또 다음 방을 치우고... 이렇게 똑같은 육체노동을 매일 하다 보니 재미도 없고 월급도 얼마 안 되니 곧 싫증이 나 버렸다.

그이한테 청소부 하기 싫다고 하니 씩 웃으면서 그럴 줄 알았다며 그만두란다.

내가 살고 있는 정춘시는 캔자스주에서는 제일 큰 육군 부대가 있어 각 나라에서 온 국제결혼한 부인들로 말미암아 마치 국제공항 같은 곳이다.

나도 한국 부인들 몇 명을 사귀어 가끔씩 밥과 김치, 고추장, 국수 같은 음식을 얻어먹기도 하고 또 초대하기도 했는데 폴은 내 친구 남편들과 잘 어울리지를 않았는데 어쩌다가 나를 위해서 같이 친구 집에 초대 갔다가 오는 날이면 투덜투덜 대면서

"당신 친구 남편들과는 대화가 잘 안 통해서 재미가 없고 지루하니 가고 싶으면 이제부터는 혼자 가라고."

불평불만을 해 결국은 나 혼자 외톨이가 돼 버렸다.

주말이 되면 폴은 자기가 좋아하는 자동차 경기에 쫓아다니기에 바쁘고 아니면 독신 친구들을 집으로 데리고 와서 차고에 나가 멀쩡

한 스포츠카 콜벳을 뜯었다 붙였다 붕 붕 대면서 기름을 묻혀가면서 손질을 하다가 날이 어두워지면 차려 놓는 밥을 잘 먹고 잠깐 나갔다 온다고 말하고 친구들과 클럽으로 달려가 술 마시고 담배를 피우며 당구치고 춤추다가 밤이 늦어서야 얼큰하게 취해서 잠만 자러 들어온다.

내 가슴속에서 불안과 고독이라는 시커먼 그림자가 슬금슬금 스며들기 시작했다. 이럴 때 나는 어떻게 해야 하는가!

폴과 나의 사랑이 변한 것은 아니다.

폴은 나를 사랑했지만 습관적인 담배와 술, 당구 등에 이미 중독되어 폴의 삶 한 부분이 돼 있어서 모든 것을 잊게 해 주는 황홀한 순간들이었기 때문에 남편의 주장은 자기가 좋아하는 일에는 잔소리를 하지 말라는 태도였는데 똑똑하고 아까운 20대의 청춘을 어쩌자고 술이나 퍼마시고 몸에도 좋지 않은 담배를 피우며 아까운 시간들을 낭비하는 것일까?

폴의 취미는 더 하면 더 했지 고쳐지지는 않았다. 어쩌다가 나도 남편과 함께 동행을 해 눈이 따가울 정도로 담배 연기 가득한 홀에서 쓸데없는 농담이나 하면서 술에 취해 비틀거리는 모습을 보고 있노라면 참으로 왜 내가 저런 사람을 선택했는가! 의심이 들며 온몸의 힘이 위에서부터 아래로 쑥 빠져버렸다.

술을 안 마셨을 때 그이 모습은 얼마나 멋있지 않았던가!

지난 이야기들

폴은 교육이다, 훈련이다 항상 바쁘고 주말에는 자동차 경기 시합에 나간다고 멀쩡한 차를 뜯었다 붙였다 분주하게 시간을 보내다가 어두워지면 바에 가서 술 마시고 당구치고 싶어서 궁둥이에서 불이 난다.

한결같이 나가지 말라고도 할 수도 없고 또 내가 쫓아간다고 하면 미혼 친구들과 같이 가는데 방해되는 물건 취급을 하며 싫은 표정이어서 할 수 없이 혼자 가게 놔두면 들 강아지같이 마냥 신나고 좋아서 화살보다 더 빨리 빠져나간다.

또다시 나 혼자 있는 시간이 너무 많아 지루할 뿐만 아니라 외롭고 불안이라는 검은 구름이 꾸역꾸역 몰려오기 시작해서 무엇을 어떻게 해야 할지 몰라 답답하고 무슨 일에도 손에 안 잡힌다.

당신만을 생각하고, 사랑하며, 시간과 정성을 다 바쳤건만 지금 남아 있는 것은 허무와 갈등뿐이구나. 나는 인내로서 폴과 함께 살 것인가? 아니면 자립을 할 것인가? 그를 믿고 산다는 것이 어쩐지 찝찝한데 그렇다고 말도 잘 안 통하는 미국 땅에서 어떻게 나 혼자 해결을 할 것인가?

그렇다고 이렇게 불안한 마음으로 무작정 산 다는 것도 견딜 수 없는 것이다.

폴이 나를 사랑하고 내가 그를 사랑하기만 하면 모든 것이 다 잘되고 행복의 파랑새는 내 곁에서 즐겁게 노래를 불러 줄 것이라고 상상을 했었는데 한 남자와 한 여자가 한 지붕 밑에서 쉼을 쉬며 같이 산다는 것이 이렇게 힘들고 어려울 줄을 누가 알았으랴!

남편은 미국 사람, 나는 동양인으로서 자라온 풍습과 교육도 다르며 대화마저도 깊이 통하지 않고, 문화와 정서 차이로 오는 갈등으로 화음을 맞추기에 힘이 들었지만, 근본적인 원인은 깨어진 가정에서 불안하게 자란 폴의 메마른 가슴에 더 문제가 있었던 것 같았다.

나는 나의 갈 길을 어떻게 결정해야 할 것인가!

남편은 오늘 아침에 들어왔다.

나는 폴이 어젯밤에 어디서 무엇을 하고 지냈는지 묻지 않았다.

물어본다는 그 자체가 어리석은 것 같았기 때문에.

왜냐하면 한 통의 전화라도 걸어줄 수가 있지 않은가?

그는 외박한 이유를 붙이려고 하지만 그 말을 액면 그대로 받아들일 만큼 어린아이도 아니고, 다만 싸우거나 말다툼을 하기 싫으니까 아예 침묵을 지키고 있는 것뿐인데 폴이 바람을 피우리라고는 생각지 않았지만(노름으로 밤을 새웠는지 모른다) 그동안 같이 살아온 경험을 비춰 보면 남편은 언제 어느 때, 어느 장소 이건 자신을 위해서 즐길 수 있는 기회가 생기면 나 같은 아내는 아예 까맣게 잊어버리고 자기 자신만의 정욕에 취해 열심히 살아가는 이기주의자이다.

그에 비하면 나는 너무나 순진한 것 같다.

정숙한 아내가 되기 위해 남편만을 위하여 뒷바라지를 해주며 살고 있지 않은가!

그이는 뉴멕시코주 산타페이시에 볼일이 있다고 (아무런 이유도 말하지 않고) 혼자서 떠났다. 또다시 폭풍우같이 휘몰아치는 고독.

3일 후 그이가 문을 열고 들어와서 그 잘생긴 얼굴로 다정히 끌어 앉고 습관적인 키스를 하면서 "사랑스런 부인, 그동안 잘 있었소?" 말은 달콤하게 할 것이다.

그러면 나는 외로웠었노라고 투정을 부릴 것인가?

아니, 나는 그렇게 말하지 못하는 바보다.

미소를 지으면서 '잘 있었지요.'라고 거짓 대답을 하고 억지로 행복한 얼굴을 만들어 남편을 편안하고 기쁘게 해 주려고 노력을 할 것인데 이러한 내 행동이 과연 정상일까? 아니면 좀 덜떨어진 여자일까?

옛날 옛날에 어느 나라 임금님이 중병을 앓고 있었다.

유명한 의사란 의사는 다 불러왔으나 아무런 효험을 보지 못했답니다.

그런데 그중에서 가장 용하다는 의사가 최후의 치료 처방을 내리기를

"이 세상에서 가장 행복한 사람의 속옷을 입으면 그 병이 낫는다." 라는 것입니다. 그래서 임금님의 신하들을 사방으로 보내어 세상에서 가장 행복한 사람을 찾기 시작했답니다.

그런데 아무리 돈 많은 사람도, 학문이 높은 사람도, 잘생긴 사람도, 자기가 행복한 사람이라고는 결코 생각하지 않고 있었습니다.

별별 사람들을 다 찾아서 만나 봤으나 모두 허탕만 치고 기진맥진

하여 돌아가던 차에 어느 산골에 다 쓰러져 가는 오두막집에서 오손도손 살아가는 농사꾼 부부를 만났다. 그런데 이 부부야말로 자기들이 세상에서 가장 행복한 사람이라고 믿고 있지 않은가!

신하는 너무 반가워서 허겁지겁 사정 이야기를 하고 값은 달라는 대로 다 줄 터이니 당신의 속 옷 좀 달라고 간청을 하니 이 부부가 대답하기를, 자기네들은 가난해서 여태까지 속옷을 입어본 적이 없다는 것이다.

이것은 동화 속에 나오는 이야기지만 과연 인간의 참 행복은 어디서 오는 것일까? 한 번쯤 생각을 해보게 해 준다.

그런데, 그런데 지금 내가 이 옷이 절실히 필요하구나!

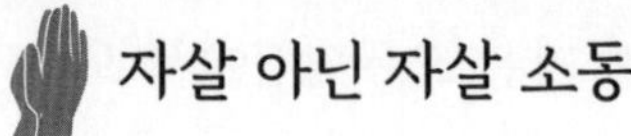

자살 아닌 자살 소동

햇볕이 따가운 어느 화창한 9월 바람을 쏘이려고 뒤뜰에 나가니 머리가 띵- 하니 어지럽다.

오랫동안 방구석에서만 지내다 밖에 나오니 쨍쨍 내리쬐는 햇볕에 현기증이 난 것이다.

나는 잔디 위에 주저앉아 푸른 하늘을 바라보며 미국 땅에 사는 사람들은 다른 나라보다 부자여서 모두 행복하게 살 것이며 나도 미국에 가면 잘 먹고, 잘 입고, 모든 것이 잘 되어 행복의 파랑새가 내 곁에 서서 노래를 불러 줄 것이라고 상상하며 꿈을 꾸었는데 지금 나는 외로운 기러기 한 마리가 되어 한 없이 외롭고 쓸쓸하구나.

사랑이 변한 것 같지 않은데 폴의 생활 방식이 너무나 맞지 않아 황당하게 해 나는 우울증에 빠져 죄도 없는 푸른 잔디를 마구 잡아 뜯으며 분풀이를 하면서 한없이 울었다.

밤 8시가 넘어서 들어온 폴은 저녁을 먹은 후 샤워를 하고 항상 그렇듯이 습관대로 TV 앞에 앉아 있다.

우울한 내 표정엔 전혀 신경도 안 쓰고 TV에만 열중하다가 10시가 되면 습관적인 굿나잇 키스를 가볍게 해 주고 침실로 들어가 술기운 때문인지 잠에 푹 빠져서 코를 골기 시작했다.

'나는 멀고 먼 이국땅에서
사랑하는 그대 얼굴 하나만 바라보며

현숙한 부인이 되기 위해
매일 청소하고 밥하고 빨래하며
당신을 기다리며 살고 있는데
그대는 근무가 끝나면 술집으로 달려가 기분 풀이하고
집에 돌아와서 차려놓은 밥 먹고
TV 앞에 얼마 동안 앉아 있다가 잠자기에 바쁘고
주말에는 주말대로
자신만을 위한 삶을 즐기기 위해 정신이 없구려.'

나는 강아지라도 있으면 같이 이야기를 하고 싶은 간절한 심정이었는데 그렇다고 새벽 5시면 일어나야 할 사람더러 나하고 같이 친구 좀 하자고 깨울 수도 없는 노릇이어서 매일매일 꾹꾹 참고 있으려니까 너무 답답해서 와! 소리라도 꽥! 질러야만 속이 시원할 듯싶었다.

오늘 따라서 TV 보는 것도 지긋지긋하고 미칠 것만 같아 나는 이러지도 저러지도 못하는 복잡한 머리가 되어서 강아지마냥 끙끙대며 왔다 갔다 하다가 모든 것을 잊기 위해 잠이나 자야겠다고 생각하고 낮에 사다 놓은 수면제 두 알을 먹었다.

약 30분만 지나면 잠이 들겠지 생각하고 인내하면서 기다리고 있는데 웬일인가? 한 시간이 지났는데도 잠이 오기는커녕 더욱 정신이 말똥말똥 해지면서 속이 바삭바삭 타 들어가는 것이 아닌가!

미국 가게에서 파는 수면제는 가짜인가 보다 생각하고 있는데 슬

슬 배가 고파왔다. 그러고 보니 우울증에 걸려서 입맛이 달아난 탓으로 하루 종일 아무것도 입에 대지 않은 이유였다.

나는 부엌으로 가서 오밤중에 라면 한 개를 끓여 먹고 다시 소파에 앉아 있으려니 거실이 꼭 감옥 속같이 보이고 가슴이 다시 답답해지기 시작하며 폴이 자기 육체의 정욕에만 미쳐서 돌아다닌다는 생각이 떠오르자 화가 불꽃같이 타올라서 마음을 진정시키려고 수면제 두 알을 더 먹고 조금 있다가 두을 더 먹었는데도 도대체 웬일인지 잠이 오지 않는 것이다.

그렇게 한참을 지난 후에 이번에는 분노까지 끌어올라 '될 대로 돼라, 죽기 아니면 살기지.'하는 심정이 되어 병 속에 남은 약을 홀랑 다 쏟아서 먹었으니 여태까지 모두 합쳐서 25알을 삼킨 것이었다.

그래도 잠이 올 것인가? 오지 않을 것인가? 와 싸우고 있는데, 갑자기 속이 울렁울렁, 꿈틀꿈틀 거리며 메스꺼워지기 시작했다.

나는 빨리 밖으로 뛰어나가 모두 토하니 조금 전에 먹은 라면이다.

밤하늘을 쳐다보니 수많은 별들이 아무런 걱정도 없는 듯 아름답게 반짝반짝 빛나고 있었는데 별들이 순식간에 하늘과 땅 사이로 원을 그리며 뱅뱅뱅뱅뱅뱅 재빠르게 돌기 시작했다.

아이쿠, 수면제를 25알이나 먹었으니 이제 내가 정말로 죽으려나 보다.

잠들기 위해서라는 이유로 왜 이렇게 많은 약을 먹도록 고독한가? 생각하니 설움이 복받쳐 눈물이 비 오듯 쏟아져 나오는데 갑자기 고향에 계신 사랑하는 어머니의 주름진 얼굴이 눈앞에 확 나타났다.

만일 막내딸이 자살을 했다는 소식을 들으면 (그것도 먼 이국땅에서) 가여운 내 어머니는 그 말을 듣는 순간 큰 쇼크를 받으셔 심장마비로 돌아가시거나 아니면 화병으로 영영 일어나지 못하실 것이 틀림없다는 생각이 들자 '아차!' 정신이 번쩍 났다.

한국에 있었을 때 학급에서도 미인이라는 소문이 났던 미애라는 친구가 졸업을 하고 일찍 시집을 갔는데 하루는 말다툼을 하게 되었다고 한다.

무엇 때문이었는지 그 이유는 잘 모르지만 부부 싸움 중에 남편이 그녀를 때렸다고 한다.

그때 한 동네에 살고 계신 몸이 쇠약하신 친정어머니께서 딸이 보고 싶어서 힘들게 걸어와 대문을 열려고 할 바로 그 순간이었는데 갑자기 "사람 살려요!" 사랑하는 딸의 비명 소리에 큰 충격을 받아 심장마비로 그 자리에 쓰러져 돌아가셨다고 두고두고 가슴 아파하며 슬퍼하던 미애의 모습이 떠올랐다.

효녀 노릇은 못 할망정 엄마의 가슴에 못을 박아 놓는다면 내가 천벌을 받을 자식이지.

나는 죽기가 무섭다는 것보다는 막내딸인 나를 너무나 뻐아프게 사랑하는 늙으신 어머니의 마음을 깊이 상처를 내 아프게 해 드리면 안 되겠다는 죄의식이 들어와 '안 돼! 정신을 차려야지.'하며 벌떡 일어나 침실로 뛰어갔다.

마누라가 죽어가고 있는지 살고 있는지도 모르며 코마저 드르렁거리며 세상모르게 잠을 자고 있는 남편의 얼굴을 바라보니 화가 또다시 치밀어 올라왔으나 마음을 진정시키고 침대 위에 올라앉아 그이를 흔들어 깨웠다.

"여보! 여보!! 여보!!!"

"드르렁, 드르렁 푸- 푸- "

코까지 골면서 곤하게 자는데 귀찮다는 듯 돌아누워 버린다.

나는 좀 더 힘을 주어 소리를 높여 '여보, 내 말 좀 들어봐요! 나 잠이 안 와서 수면제를 먹었는데 내 생각에 뭔가 잘못된 것 같아요.'

그 외에는 아무것도 모른다.

천국인가? 꿈인가?

진땀이 흐르고 입속이 바싹바싹 마르며 괴롭기가 이루 말할 수 없다.

'엄마! 죽는다는 것이 이렇게 힘들고 무서운 줄 몰랐어요.

죽기 싫어요, 용서해 주세요.'

아무리 소리를 지르려 해도 가위에 눌려서 말이 안 나오고 일어나려고 해도 산만큼이나 큰 무거운 바위덩이 같은 것이 내 가슴을 꽉 짓누르고 있어 숨통이 막혀 금방 죽을 것만 같았는데 너무나 답답하고 힘이 없어 정신이 몽롱해지는 가운데 얼마나 용을 쓰고 괴로운지 다시는 이런 짓을 안 하겠다고 맹세하며 용서해 달라고 빌고 빌다가 마침내 정신을 잃어버렸다.

"사라, 내 말 들려요? 사라, 내 말 들려요?"

어디선가 가느다란 음성이 바람을 타고 음악같이 속삭인다.

꿈인가? 천국인가?

나는 온갖 힘을 다해 눈을 떠서 오른쪽을 바라보니 흰옷을 입은 예쁘장한 얼굴이 희미하게 보이고, 왼쪽을 쳐다보니 역시 흰옷을 입은 좀 뚱뚱한 여자가 보였다.

와! 영화에 보면 천국에서는 흰옷을 입고 다닌다던데 이곳이 바로 천국이구나!

생각하며 힘이 너무 없어서 다시 눈을 감았다.

얼마나 지났을까? 어렴풋이 눈을 뜨니 벽시계가 보인다.

자세히 보니 4시 20분.

"어머나, 천국에도 시계가 있는가?"

나는 너무나 이상하고 의아스러워서 정신을 똑바로 차려 보려고 애를 써 봤으나 도무지 무엇이 어떻게 돌아가는지 모르겠고 온몸이 꼼짝할 수 없이 노곤하고 몹시 피곤하기만 했다.

그런 와중에서도 어디 저 벽시계가 지상에서처럼 시간이 흘러가나 보다 하는 생각이 들어서 다시 눈을 감고 있다가 한참만에 눈을 떠보니 이게 웬일인가? 4시 30분이 아닌가?

'와! 천국에도 지상에서와 같이 벽시계가 있고 시간이 흘러가고 있구나?'

나는 너무나 신기하여 감탄을 하는데 도무지 이해가 안 갔다.

"사라, 내 말 들려요? 내 말 들리냐고요? "

누군가가 흔들어 깨우는 바람에 눈을 뜨니 새하얀 옷을 입은 간호원 둘이 양쪽에 서 있다.

오른쪽은 날씬하고 예쁜 간호원이고, 왼쪽은 좀 뚱뚱한 간호원인데 벽을 바라보니 새벽 5시 그때서야 나는 '아차! 이곳은 천국이 아니라 병원이구나'

정신이 들었는데, 도대체 내가 왜 무엇 때문에 병원 침대에 누워 있는지 그 이유를 모르겠다. 곰곰이 그리고 천천히 생각을 더듬으면서 내 옷을 바라보니 파란색 잠옷을 입고 있었다.

그때서야 어젯밤에 무슨 일이 일어났는지를 깨달았다.

아이고 맙소사! 어쩌다 이런 꼴을 하고 병원까지 실려 왔단 말인가?

지금 당장 연기처럼 싹 사라져 버리던가, 쥐구멍이라도 있으면 쏙 들어가 숨어버리고 싶다.

간호원이 안타깝게 내려다보면서 정신이 드느냐고 조용히 묻는다.

나는 대답 대신 머리를 끄덕이고 시트로 머리를 뒤집어쓰고 있는데 남편이 내 옷과 구두를 챙겨가지고 병실로 들어섰다.

나는 씁쓸한 마음만이 가득 차 반갑지도 않았고 참으로 원치도 않았던 죽을 쒀 놓은 기분이었는데, 폴은 겁에 잔뜩 질려 놀란 표정이 되어

"여보, 나는 당신을 사랑하는데 어찌 된 일이요?"

물으며 키스를 하면서 끌어안아주었다. 그러나 행복의 파랑새는 우리 곁에서 떠나가 버린 것 같았고, 산다는 것이 무의미할 뿐이라 무감각한 표정으로 미안하다고 말하는 나에게

"아무 걱정을 말아요, 모든 것이 다 잘 될 것이요."

말하면서 위로하기에만 바쁘다. 마침 그때 담당 의사가 들어오더니

"왜, 그렇게 많은 약을 먹었나요? 죽고 싶었나요?"

나는 너무나 부끄럽고 창피해서 또 이렇다, 저렇다 사생활을 말하기 싫어

"아니요, 잠을 자려고 약을 두 알 먹었는데 잠이 안 와서 잠들기 위해서 자꾸 집어먹었지요. 그런데도 잠이 안 와서 나중에는 화가 나

빈병만 남겨 놓고 모두 먹어 버렸는데 참으로 죄송합니다."
대답하니 의사의 말이 가게에서 파는 수면제는 피곤한 몸을 조금 위로해 줄 만큼 적은 양의 약제를 넣어 팔기 때문에 2-3개 정도 먹어서는 잠이 안 온다고 말하면서, 만일 불면증이 있다면 의사인 자기가 진짜 수면제를 줄 터이니 다시는 그렇게 많은 양의 약을 먹지 말라고 충고를 했다.

그러면서 집에 가기 전에 '심리학 방'에 들렀다 가라고 한다.

들리니 백지 위에 여러 가지 질문들이 골치 아프게 많이 쓰여 있었는데 그중에 '당신이 하고 싶은 일은?' 질문에 '불쌍한 사람들을 돌보아 주고 사랑해 주고 싶다.'라고 썼다. 질문지를 돌려주고 문을 나서면서, 나 자신 한 사람도 감당을 하지 못해 자살 아닌 자살 소동을 부린 주제에 어떻게 불쌍한 사람들을 도와주며 사랑한다고 썼는가?

잘난 척하느라고 형식적으로 쓴 것 같아서 씁쓸하게 웃고 나니 입맛이 쓴 것처럼 집으로 향하는 내 마음이 처량하기 그지없었다.

폴의 말을 들어보니 어젯밤에 내가 침대 위에 올라앉아서 그이를 흔들어 깨워 놓고는 정신을 잃고 방바닥으로 벌렁 떨어지더란다.

거실에 나가보니 수면제 빈병을 보고 마누라가 죽는 줄 알고 겁이 덜컥 나서 구급차를 부르는데 정신이 하나도 없어 잠옷도 못 갈아입히고 병원으로 데리고 왔다는 것이다.

'나, 참 이게 무슨 민망한 꼴이람!'

얼굴이 다시 화끈 달아올랐다. 아무튼 본의 아니게 그에게 큰 쇼크를 준 날이었다.

폴은 내 비유를 맞추려고 애쓰며 창백한 얼굴로 TV에 시선을 두고 나는 멍하니 목석같이 앉아서 깊은 명상에 잠겼다.

문화가 다른 두 남녀가 같이 산다는 것이 이렇게 힘이 들 줄이야!

언어, 생활 습관, 정서, 서로의 인격과 자라온 환경과 교육이 다르기 때문에 이에 따라 파생하는 여러 가지 문제들. 그러나 참 사랑과 이해, 협조가 따른다면 넉넉히 이겨낼 수가 있을 터인데….

나는 한국에서 그이와 데이트할 때 썼던 일기장을 펼쳐 보았다.

폴의 만남

내가 폴을 만나게 된 동기는 1972년 3월 큰 언니가 미국인 가정에 집을 세놓았는데 어느 날 세 들어 있는 미국 여자인 케트린이 그녀의 남편 친구들을 초대해서 파티를 하려고 하는데 날더러 좀 도와줄 수 있겠느냐고 물었다.

나는 학교에서 배운 영어 지식과 미군부대에 직장을 다닌 경험이 있어서 영어를 좀 할 줄 아는지라 자주 도움을 청했었는데 한국 땅에서 대화가 전혀 안 통하는 미국 여자의 고통을 이해하고 쇼핑도 같이 가주고 연탄도 갈아주는 등 시간이 나는 대로 도와줬다.

그런데 운명의 장난이 아닌 실제가 시작되었으니 바로 그 파티에 참석했던 사람들 중에서 폴이 나한테 데이트를 신청한 것이다.

완고한 가정에서 자란 나는 미국 사람과의 데이트에 망설임과 갈등이 많았지만 폴의 잘생김, 멋있고 깨끗한 모습에 나도 모르게 마음에 쏠려 그만 응- 하고 말았다.

그래서 식구들 몰래 비밀로 그이를 만나서 부대, 극장, 볼링장, 레스토랑, 다방 등으로 돌아다니며 즐거운 시간들을 같이 보냈다.

1972년 8월

'Love Story' 영화 구경을 가자면서 폴은 "사라, 당신이 이 영화를 보면 훌쩍훌쩍 울 거야!"라고 말했다.

깨끗하고 청순한 비극적인 사랑 이야기였는데 "당신을 사랑합니다."

폴의 속삭임에 내 몸이 떨리고 심장이 쿵쿵쿵 뛰는 소리가 들린다.

1972년 8월

"사라, 오늘 밤 당신은 더 아름답습니다."

"폴, 당신 때문이지요."

희미한 불빛 아래 아폴로 커피숍에서 속삭이는 말이다.

"사라 씨, 나는 당신을 사랑합니다."

'저도 당신을 좋아하지요.'

폴의 뜨거운 눈빛 때문에 내 얼굴은 빨갛게 달아올랐으며 그이와 같이 있는 순간은 따뜻한 행복으로 가득 찼다.

쏟아지는 비속을 폴과 같이 우산을 쓰고 걷는데 여름밤의 불빛들은 아름답고 찬란하게 빛나고 있었으며 우리 둘의 발자국 소리는 음악처럼 정다웠다.

우리는 지금 꿈같이 행복하다. 어느 누구도 부럽지 않게...

1972년 9월

저녁, 그이와 재미로 하는 빙고 게임을 해서 돈을 잃고 클럽에 가서 '햇빛 쏟아지는 벌판' 음악에 맞춰서 춤을 추었다.

그이의 젖은 마음에 내 마음도 젖어 사랑의 날개를 타고 오늘따라 한없이 센티멘털 해졌는데 밤 11시 부대 정문에서 안녕 인사를 나누고 헤어졌다. 항상 그렇듯이 나는 택시를 타고 집에 가려고 했는데 오늘 밤은 웬일인지 걷잡을 수 없는 감정에 사로잡혀 한없이 걷고만 싶어 희미한 불빛이 가물거리는 아스팔트 길을 터덜터덜 걸으면서 나는 고민을 했다.

미국 사람과의 걷잡을 수 없는 감정 속에서 내 행동을 어떻게 해야 좋을지 몰라 머리가 복잡해졌기 때문이다.

고민에 잔뜩 쌓여서 맥을 탁 놓고 터덜터덜 걷고 있었는데 갑자기 누군가가 내 어깨를 확 잡는다.

기절을 할 만큼 깜짝 놀라서 뒤를 돌아보니 폴이 성난 음성으로

"사라! 이 한밤중에 왜 혼자 걸어가지? 혹시 나쁜 사람이라도 뒤를 쫓으면 어떡하려고?"

불안한 얼굴로 묻는다. 나는 뜻밖에 생각지도 않은 일이라서 택시를 탈 돈이 없어서가 아니라

"오늘 밤은 그저 이렇게 한없이 걷고만 싶어서요."

대답하며 눈물을 글썽이니

"오늘은 쭉 심각한 얼굴을 하고 있었는데 그 이유를 말해 주지 않겠소? 분명히 말하지만 나는 진실로 당신을 사랑합니다. 당신과 결혼을 하고 싶어요."

폴은 혹시 내가 안 한다고 대답을 할 까봐 두려워서 울먹이면서 내 두 손을 꼭 잡고 어쩔 줄을 모른다. 내 가슴은 더욱 떨리고 아파왔다.

내가 미국 사람하고 결혼을 할 것인가 안 할 것인가는 참으로 심각한 문제가 아닌가?

폴은 나와 부대 정문에서 굿나잇 인사를 하고는 곧바로 막사로 들어가지 않고 오늘따라 나의 침묵의 모습이 마음에 걸려서 지켜보고

서 있었는데 아니나 다를까, 평소와 같이 택시를 탈 생각은 안 하고 터덜터덜 걸어가는 모습이 이상하여 나 몰래 한참 동안 뒤를 따라오다가 마침내 붙잡아 세우고 '사랑한다.'라고 다시 고백을 하는 것이었다.

그리고 얼른 택시를 잡아 세워 나를 태워 우리 집 앞까지 데려다주고는

"달콤한 꿈, 많이 꾸기를 바라며 또 만나요."

말하고 택시를 돌려 다시 부대로 돌아갔다.

폴, 나 역시 당신을 사랑하고 있기 때문에 내 앞길을 어떻게 결정해야 할지 몰라서 이렇게 고민을 하고 있답니다.

1972년 9월

그이와 p.x에 가서 필요한 물건을 사고 에티오피아 유원지에 가서 사진을 찍다가 카메라 뚜껑을 공지천 물속에 빠뜨려 깔깔대고 웃었다.

높고 푸른 시원하고 상쾌한 가을 하늘 오고 가는 사랑의 따듯한 눈빛 장난기 섞인 말투로 난 미국에 가지 않겠다라고 말하니

"안 간다면 다리를 묶어서라도 끌고 가겠다."

라고 대답을 했다.

나는 행복한 미소를 공지천 물 위에다 띄워 보내고 오후에는 부대에 가서 맛있는 저녁을 같이 먹은 후 집에 돌아와서 TV 소장님, 박씨, 형부, 나 넷이서 화투 치기를 하며 보냈다.

1972년 9월

종이를 주워다 팔아 겨우 목숨을 이어 가시는 듯한 영양실조에 걸리고 얼굴에 주름이 많으신 60대 노인이 우리 집에 오셔서 도움을 청하셨다.

나는 먼저 밥상을 차려 드리고 과일을 깎아 드린 후 신문지, 책 종이란 종이는 전부 빈병, 헌 신발 등 돈이 될 만한 물건들은 전부 몇 봉투를 만들어 가득 담아 드리면서

"할아버지, 일주일에 한 번씩 우리 집에 오세요. 제가 이것저것 모았다가 드릴게요."

"오늘이 벌써 세번째인데 올 때마다 융숭한 대접을 받아 너무 고맙고 신세만 져서 뭐라고 할 말이 없는데 아가씨, 복 많이 받으세요."

하시며 어린 나한테 허리를 굽혀 인사를 하시는데 얼마나 배가 고프셨으면 밥 한 그릇 베푼 사랑에 머리가 하얀 할아버지가 새파랗게 젊은 나에게 머리를 땅에 닿도록 인사를 하실까 생각하니 오히려 내가 민망해서 눈물이 핑 돌았다.

며칠 전, 시장을 갔다 오는 도중에 길거리에서 풀빵을 굽고 있는 아줌마 앞에서 6-7살쯤 보이는 불쌍하게 생긴 거지 아이가 김이 모락모락 나는 붕어빵 앞에서 침을 질질 흘리면서 군침만 꼴깍꼴깍 삼키고 초라하게 서 있는 것이 눈에 띄었다.

나는 백 원을 꺼내 풀빵 10개를 사서 그 아이에게 '배고프지? 먹어라!' 말하며 조그마한 손에 풀빵 봉지를 쥐어 주니 그 아이는 너무 놀라서 두 눈을 크게 뜨고 풀 빵 하나를 얼른 꺼내 잽싸게 입에 집어넣

고 나머지 붕어빵 봉지를 손에 꽉 움켜쥐고는(혹시 내가 도로 달라고 할까 봐) 고맙습니다라는 말도 안 하고 쏜살같이 뛰어 달아났다.

그때 그 어린아이의 눈동자와 오늘 이 할아버지의 눈동자가 어쩜 그렇게도 똑같이 닮았는지.

1972년 9월 22일(금)

오늘은 추석 날,

사랑하는 식구들이 모두 한자리에 모였으니 행복하다.

오늘따라 더 맑고 푸른 하늘, 화창한 날씨에 찬란한 햇빛, 쏴! 불어오는 가을바람에 낙엽이 휘날리고 우두둑 밤 떨어지는 소리는 추석의 흥취를 도와 마음속을 시원하게 해 준다.

저녁, 그이와 파티에 참석하니 폴의 친구들이

"당신 여자 친구 참 멋있다."

라고 말하니 그이는 싱글벙글 웃으며 좋아한다.

젊고, 옷이 날개라는데 옷도 세련되게 입어서 예뻐 보인 것이겠지…

1972년 12월

저녁때, 폴은 내 손을 잡고 꽃집으로 데리고 가더니 꽃을 사서 내 손에 쥐여 주면서,

“내 사랑하는 여인에게 이 꽃을 드립니다.”

라고 속삭여줬다.

요즈음 그의 사랑을 많이 받기 때문에 두렵고 떨린다.

1972년 12월 25일(월)

‘Merry Christmas!’

그이는 오늘 C.Q라 나를 못 만나는 대신 세 번이나 전화를 해 주었는데, 미국에 사시는 어머니한테 전화를 해서 한국 여자와 결혼을 할 것이라고 말을 했단다.

내일 나와 약속한 시간보다 더 일찍 만나 달라고 졸랐다.

내 가슴은 불타네. 사랑 때문에…

1972년 12월 31일

오늘은 망년회, 1972년을 마지막으로 보내는 날이다.

6시에 그이와 만나기로 약속이 되어 있는데도 그 사이를 못 참고 두 번이나 더 전화를 해 일찍 만나 달라고 졸라 새 드레스를 입고 그

이를 만나니 어린아이 같이 좋아했다.

클럽에 가서 저녁을 먹고 "Fiddler on the Roof"란 음악 영화를 보고 난 후에 파티에 참석을 했다.

밤 12시.

"Happy New Year! Happy New Year! "

모두들 비밀의 새해를 맞이하는 감격 속에서 연인들끼리 키스하는 미국 풍습에 따라 폴도 나를 껴안고 키스를 해 주었다.

1973년 1월

밤사이에 함박눈 이 펑 펑 펑 쏟아져 내려 온 도시를 요정의 나라로 만들어 버렸다.

나는 흰 털 코트, 흰 털모자, 검은 부츠와 큼직한 선글라스를 쓰고는 동화 속에 나오는 착한 소녀가 되어 강아지마냥 시내를 돌아다녔다.

저녁때 폴을 만나 카우보이 영화를 보고 빅토리아 다방에 가서 음악을 듣고 서로 아쉬운 마음으로 그이는 막사로, 나는 집으로.

1973년 1월

폴과 6시에 만나기로 약속이 있어 클럽 롱 비취에 갔는데 안 보인다.

쌀쌀한 날씨여서 난로 불 옆에 앉아서 추운 몸을 녹이고 있노라니 그이를 잘 알고 있는 웨이트리스가 내 옆으로 오더니

“당신 약혼자는 참 멋져요.”
말하며 부러워하는 눈길로 나를 바라본다.

사실 폴은 잘 생겼을 뿐만 아니라 멋있고 깨끗했으므로 내 기분이 매우 좋아졌는데 6시 15분, 30분, 40분이 지났는데도 나타나지를 않는 것이다.

이상하다. 왜 이렇게 늦는 것이지, 무슨 사고라도 생긴 것이 아닌가?

초조해지면서 불안하고 걱정이 돼서 전화를 걸어볼 생각으로 롱 비취를 나와서 부대 정문을 향해 걸어가고 있는데 “빵, 빵, 빵!” 클랙슨 소리가 요란하게 울렸다.

뒤를 돌아다보니 그이가 군복 차림으로 지프차를 운전하며 여러 친구들과 함께 있었는데 내 이름을 부른다.

볼일이 있어서 서울에 갔다 오는 중인데 당신과 약속한 시간을 못 맞출까 봐 속력을 내서 급히 달려왔다고 하면서 막사에 가서 옷을 갈아입고 나오겠으니 조금만 더 기다려 달라고 부탁을 했다.

구겨진 군복, 씩씩한 모자가 오늘따라 더 자랑스럽고 멋있구나.

이렇게 세련된 사람이 정말로 내 남편이 될 남자인가?

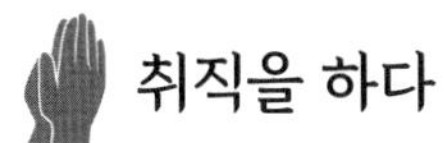

취직을 하다

자살 아닌 자살 소동이 일어난 후 폴은 좀 더 일찍 집에 들어오고 나한테도 잘하려고 노력은 하는데 평화는 찾아볼 수가 없다.

그런대로 정상적인 생활을 하는 것 같았는데 그이의 마음은 항상 바쁘고 나에게는 공허함이 그림자같이 늘 따라다니고 있었다.

그러나 서로 사랑하는 마음만은 변하지 않았나 보다.

다시 취직을 하러 나섰다.

신문을 사서 취직난을 보고 차를 달려 거리를 물어가면서 찾아낸 것은 식당의 웨이트리스 직업, 주인을 만나 용기를 내서 저는 미국에 온 지 얼마 안 돼서 영어를 잘 못하지만 만일 당신이 저에게 직업을 주신다면 열심히 일을 하겠다고 말하니 주인은 나를 물끄러미 쳐다보더니 모험 삼아서 동양 여자를 써 보자는 마음이었는지 그럼 집에 가서 스커트로 바꿔 입고 와서 오늘부터 일을 시작하라고 했다.

신나게 집으로 와서 폴에게 전화를 걸어 식당에 취직이 되어 지금 일을 하러 가니까 저녁에 보자고 전했다.

나는 집에서 '집 지키는 강아지' 마냥 하루 종일 빈둥빈둥 지내는 게 싫어서 열심히 일을 했다.

깨끗이 정리하고 손님이 오면 서투른 영어라도 친절하고 상냥하게 웃어 가면서 서비스를 했다.

팁도 괜찮게 나왔고 또 일하는데서 식사를 할 수 있어서 그럭저럭 재미를 붙였다.

추수 감사절 앤

시간은 빨리도 지나가 추수 감사절이 가까 오는 어느 날 시어머니 한테서 전화가 왔는데 추수 감사절을 보내려 위스콘신주에 사는 폴의 외할머니 집에 갈 계획인데 너희들은 어떻게 보내려느냐고 물어왔다.

아직 아무런 계획은 없지만 그때 봐야 알겠다고 대답을 하고 끊었다.

그런데 막상 추수 감사절이 가까우니 할머니 집에 가자며 옷을 챙기라고 서두르면서 깜짝 놀라게 전화 연락을 하지 말고 그냥 가자면서 자기는 할머니 할아버지를 본 지도 매우 오래됐는데 이 기회에 친척들을 인사시켜 주겠다는 것이다.

시어머니 앤은 위스콘신주 밀워키시에서 자라나 예쁜 틴에이저(사춘기) 때 일찍 결혼을 하고 살다가 이혼을 하자 쌍둥이 딸과 폴을 데리고 뉴멕시코주로 이사를 왔으므로 산타페이시에는 아무 친척도 없지만 위스콘신주에는 많이 살고 있었다.

우리는 추수 감사절 전날 할머니 댁에 도착해 벨을 눌렀다.

"누구세요?"

"폴입니다."

"뭐? 폴이라고?"

"예, 당신 손자 폴이에요."

대답을 하니 문이 활짝 열리면서 미리 와 있던 시어머니와 시누이 마라와 캔디가 깜짝 놀라서 반갑다고 환성을 지르며 달려 나와 키스 세례를 퍼부으며 기뻐서 껑충껑충 뛴다.

집안이 잔치 집 같이 왁자지껄 웅성거리며 할아버지, 할머니, 이모, 조카들 등의 긴 인사 소개가 끝난 후에, 시어머니 앤 말이

"폴! 네 친 아버지가 조금 있으면 여기에 방문한단다."

천만 뜻밖의 소식을 들은 그이는 갑자기 얼굴색이 하얗게 변하더니 몹시 당황해하면서

"네?! 친 아버지가 지금 이곳으로 오고 있다고요? 내가 그 사람을 보면 뭐라고 부르나요?"

폴 말로는 자기 기억으로는 친 아버지를 아직까지 본적도 만난 적도 없단다. 그러니 그런 말을 할 만도 했다.

친 아버지가 살아 있으면서도 얼굴 한 번도 보지 못하고 편지 한 장도 받지 못한 채 말하자면 아버지의 사랑이 무엇인지 전혀 모르는 가운데 훌쩍 성장해 버렸는데 이제 와서 아버지를 만난다니까 폴한테는 정말로 큰 충격이 아닐 수 없었다. 그때 마라가

"뭐라고 부르긴 뭐라고 부르니? 우리가 그의 피를 이어받았는데 아버지라 부르지."

대답을 하면서 그 아름답고 커다란 눈에 갑자기 눈물을 우두둑 뚝 뚝 떨어트리면서 흐느껴 울기 시작했다.

여자인 그녀는 감정이 예민했던 것이다.

마라는 밀워키시에 올 때마다 몇 번 아버지를 만난 적이 있었지만

아버지의 사랑을 받지 못하고 단지 그리워하면서 자란 그녀의 가슴엔 커다란 못이 박혀 깊은 상처가 나 있었던 것이다.

그런데 정말로 조금 있으니, 벨 소리가 나고 누가 부자가 아니랄까봐 폴과 똑같이 생긴 대 머리가 조금 벗겨진 중년 남자가 걸어 들어온다.

법석대고 떠들썩한 잡음으로 가득 찼던 집안이, 약속이라도 한 듯이 모두가 일제히 쥐 죽은 듯이 조용하고 제각기 다른 감정과 긴장 속에서 거실로 들어서는 중년 남자를 집중해 쳐다보고 있으니 폴의 아버지 역시 놀래서 눈을 동그랗게 뜨고 X-부인과 딸, 그리고 특별히 초면인 아들 폴과 동양 여자인 나를 번갈아 보면서 상당히 당황하고 어리둥절해한다.

"폴, 이 분이 네 친 아버지시다."

앤이 소개를 하니 아버지는 얼굴이 붉어지면서 멋쩍게 "하이, 폴!" 하면서 악수를 청했다.

아버지는 내 아들 폴이라고 부를 수 있는 자격이 없어 미안하니까 그렇게 불렀나 보다.

그리고 시어머니는 내가 폴의 부인 사라라고 인사를 시켰다.

마라는 아버지를 만난 기쁨 때문이었는지는 모르지만 미인인 그 예쁜 얼굴을 아버지의 코밑에다 들이대고 연실 눈물의 술잔을 들이켜면서 투정을 부렸는데 그때서야 나는 알코올 중독자인 마라를 좀 이해하며 짠한 울림으로 내 가슴에 찔러왔다.

부모의 이혼으로 말미암아 외로움과 스트레스를 받고 자란 자식들이 성장한 후에도 그 아픔들을 술로서 잊어버리려고 애쓰는 모습들이 안쓰럽구나!

나는 거실 한구석에서 갑자기 펼쳐진 현실을 지켜보면서 무슨 슬픈 영화의 한 장면을 보고 있는 것 같아서 눈물이 펑펑 쏟아져 나와 감정을 억누를 수가 없어서 아무도 모르게 화장실로 달려가 숨을 죽이고 흐느껴 울었다.

내 작고 여린 이 가슴은 왜 이렇게 파르르 떨리며 쓰리게 저려 오는가!

이혼 뒤에 따르는 많은 상처와 아픔 그리고 그리움 등.

그날 저녁

시어머니, 마라, 폴과 나, 그리고 사촌들과 함께 클럽에 가서 시아버지가 사 주는 술을 마셨다.

처음이자 마지막이었던 극적인 만남.

명색뿐이었던 아버지와 아들은 다정하게 당구를 치면서

"아버지."

라고 처음 불러보는 그의 음성이 메아리쳐서 내 가슴에 찔려 아프게 박히고.

다음 날은 추수 감사절.

많은 식구들이 둘러앉아서 정성스럽게 구운 터키를 먹으면서 이야기꽃을 피우다가 저녁에는 도시 구경을 하고 하룻밤을 더 자고 다시 캔자스 집으로 돌아왔다.

전근

그럭저럭 바쁜 생활을 하면서 지내는 동안 12월이 돌아왔다.

라디오와 TV에서는 하루 종일 크리스마스 캐럴이 계속 흘러나오는 어느 날 저녁. 그이가 집에 들어오자마자 하는 말이, 독일로 전근이 났기 때문에 2월부터는 거기서 근무를 해야 하는데 그 사이 한 달 동안 휴가가 있으니까 어머니 집에 가잔다.

나는 뜻밖의 소식에 멍해져서 하루 종일 곰곰이 생각을 해 봐도 불안이라는 검은 그림자가 계속 따라와 폴을 똑바로 쳐다보고 당신 혼자서 가라고 했다.

독일에 쫓아가 봤자 술 마시고, 담배 피우고, 당구 치는 습관이 고쳐질 수 있을까가 의심스러울 뿐만 아니라 자기 자신만의 기분과 즐거움을 위하여 열심히 그리고 바쁘게 사는 이기주의 사람을 따라가 보았자 나는 나대로 외롭고 골치만 아플 것 같고 또 나는 그의 아내인데 부인이라기보다 룸메이트(room-mate) 생활을 하느니 차라리 자립을 해보자는 생각이 들었기 때문이다.

'당신을 사랑하지 않아서가 아니라 행복하지 않아서.'라고 설명을 하니 천만 뜻밖의 내 결심을 보고 깜짝 놀라서 무척 당황해하며 겁에 질러 울면서 나를 살살 달래기 시작했다.

독일에 같이 가기만 하면 당신을 행복하게 해 줄 것인데 술도 조금만 마실 것이고 월급도 모두 나에게 갖다 줄 것이며 당신이 하자는 대로 다 할 것이라고 맹세를 하며 매우 심각하다.

속고 속으며 사는 것이 인생이며 또 여자의 마음이란 약한가 보다. 그이의 생활방식이 내 맘에 안 들었지만 사랑이라는 것이 무엇인지?

굳었던 마음이 다시 약해져서 다니던 직장을 그만두고 짐을 싸서 모두 독일로 보내고 당장 꼭 필요한 것들만 슈 케이스에 담아 크리스마스를 얼마 앞둔 어느 날, 우리는 다시 뉴멕시코주 산타페이시를 향하여 폴의 콜벳차로 달렸다.

캔자스주를 지나 오클라호마주에 들어섰을 때는 달리고 달려도 끝도 없을 듯한 넓은 평야에서 셀 수도 없을 만큼 많은 소들이 푸른 하늘 아래 맑고 신선한 공기 속에서 평화롭게 풀을 뜯어먹고 있는 모습들이 그림처럼 아름답게 펼쳐져 있고 쉬지도 않고 꾸벅꾸벅 절을 하듯이 오일을 퍼 올리는 펌프들이 평화로운 풍경 그대로다.

"와! 미국이란 나라는 참으로 넓고도 넓으며 천연자원도 풍부한 기름진 땅이구나!"

1975년 1월, 그이가 먼저 독일에 가서 방도 얻어 놓아야 하고 또 내 서류가 정리되기까지 3-6개월 정도 걸리기 때문에 나는 이곳 산타페이시에서 기다리기로 하고 그이는 혼자서 독일로 떠났다.

나는 시어머니 집에 있으려고 했으나 그녀는 시청에서 비서로 일하는 직장인이어서 매일 출근을 해야 했고 막내 시누는 초등학교에 다니는지라 시내에서 떨어져 있는, 넓고도 넓은 허허벌판에 그것도 딱 한 채인 외롭게 있는 기차 집에 하루 종일 나 혼자 있어야 한다는 것은 너무너무 무서워서 가족회를 열어 결국 크리스천인 시누 마리네 집에서 잠시 동안 같이 살도록 결정되었다.

그때 마리는 몇 주일 전에 둘째 아들 션을 낳았기 때문에 큰 회사에의 사장 비서직을 그만두고 살림만 하고 있었는지라 반갑게 환영을 해주었고 나는 독일에 갈 때까지 마리네 집에서 지내기로 했다.

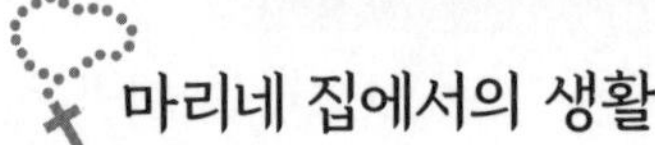

마리네 집에서의 생활

마리는 영화배우 못지않은 미녀이고 남편 짐은 키가 후리후리 큰(6'2") 신사이다.

그들에게는 네 살과 한 달 된 아들이 있었으며 교회에 나가는 평범한 미국 가정이었는데 짐의 부모님이 진실하게 하나님을 믿는 기독교 신자였기 때문에 거기서 받은 영향이 컸다.

나는 크리스천은 아니지만 술 마시고 담배 피우는 생활은 싫어하므로 마리네 집에서 지내는 게 좋았고 정말로 미국 가정에서 생활을 배울 수 있는 기회가 생겼다.

시누 마라와 마리는 15분 차이로 태어난 쌍둥이다.

실제로 그들은 아주 어렸을 때에 어떤 부자가 밀리언 달러(그 당시 밀리언 달러는 아주 많은 돈)를 줄 테니까 달라고 했을 만큼 그들은 똑같이 생겼을 뿐만 아니라 산타페이에서 둘째가라면 서러울 정도의 미녀들이었는데 마라는 알코올 중독자이고, 마리는 착실한 기독교인 생활을 하고 있었으니 나는 그녀 둘을 바라보고 있노라면, 한 배 속에서 15분 차이로 그것도 분간을 잘하지 못할 정도로 똑같이 생긴 얼굴로 태어났는데 겉모양은 쌍둥이지만 너무나 다른 삶의 방향으로 살고 있기 때문에 어쩌면 이럴 수가 있을까? 생각을 해보게 된다.

나는 정말로 미국 사람들만이 사는 마리네 가정에서 그들의 삶을 보고 듣고 배우며 생활하는 기회가 왔는데 일요일이 돌아오면 모두가 교회를 가기 때문에 싫든 좋든 간에 나도 준비를 해서 교회를 가니 마리는 나를 여러 사람들에게 인사 소개를 시켜주고 자리에 앉았다.

찬송, 기도, 헌금, 설교의 순서대로 시작하는데, 나는 생활 영어도 겨우 알아들을 정도였는데 성경, 그것도 하나님 말씀을 하니까 마치 소련 말을 듣고 있는 것처럼 하나도 이해를 할 수가 없어서 멍하니 눈만 껌벅이다가 허수아비같이 집으로 돌아왔다.

옛날 내가 어렸을 때, 엄마의 손을 잡고 네 형제가 함께 감리교회를 다녔던 시절이 생각났다.

그때 어머니께서는 우리가 교회를 가면 돈을 일 원씩 주셨는데 그 당시는 그 돈으로 큰 박하사탕을 다섯 개나 살 수가 있었기 때문에 우리는 그 재미로 열심히 교회를 나갔으며 덕택에 크리스마스 때 '성경 책'을 상품으로 받은 적이 있었고

"하나님이 세상을 이처럼 사랑하사
독생자를 주셨으니
이는 저를 믿는 자마다
멸망치 않고
영생을 얻게 하려 하심이라" -요 3:16

이 말씀만은 지금도 생생하게 기억을 하고 있다.

그러나 얼마 후에 시내로 이사를 오게 되었고 그동안 다니던 교회가 걸어 다니기에는 너무 멀어서 어머니는 앞집에 사는 아주머니를 따라 가까이에 있는 천주교를 나가기 시작하셨고 언니 둘, 오빠, 나 모두들 학교를 다니며 새 학문을 배우기 시작하면서부터는 교회는 무식하고 가난한 사람들이 위로받으러 가는 곳이며 목사님 말씀은 다 좋은 말이긴 하지만 전혀 믿어지지가 않아서 우리 네 형제는 흐지부지 멀리 떠나버렸다.

그래서 우리 집은 어머니만이 하나님을 열심히 믿으실 뿐 그 외에는 모두 무신론자로 변해버렸다.

아침, 점심, 저녁, 잠자기 전 밤, 하루에 네 번씩 무릎을 꿇고 네 자녀를 위하여 매일 기도를 하시던 어머니의 모습이 아직도 생생한데 얼마나 열심히 기도를 하셨느냐 하면 밤마다 꿈결같이 들려오는 소리가 있어 귀를 기울여 보면 어머니는 잠자는 내 머리맡에 앉아서 눈물을 흘리시면서 우리 막내딸 하나님을 잘 믿는 훌륭한 자녀로 키워 달라고 호소를 하고 계셨다.

그리고 지금 이 시간에도 한국 땅에 계신 어머니는 무릎을 꿇고 멀리 사는 나를 위하여 간절히 기도를 하고 계실 것이 눈에 보이는 듯 훤하다.

마리는 일요일 날 교회에 가는 것 외에도 성경공부, 기도회, 크리스천 부인모임 등 열심히 참석을 했는데 내가 영어를 알아듣건 못 알아듣건 간에는 전혀 상관치 않고 꼭 데리고 다녔는데 그러나 나는 심심하니까, 시간을 보내기 위해 다닐 뿐 하나님을 믿거나 재미가 있어서가 아니었다.

마리네 집에서의 생활은 술과 담배는 물론 금지지만 TV도 경건한 프로그램 몇 가지와 종교 프로그램만 보고 대부분의 시간을 성경공부를 하거나 설교 테이프를 듣고 기도하는 시간으로 보냈다.

그런데 어느 날 마리는 나한테 아침 식사 후 매일 한 시간씩 영어를 가르쳐 주겠다고 했다.

그리고 그녀는 특히 내 혀가 잘 안돌아가는 'L, R, V, Z' 발음에 신경을 써서 가르쳐 주었는데 'Bird' 발음을 가르쳐 줄 땐 열 번, 스무

번, 서른 번을 가르쳐 줘도 올바른 발음이 안 나오니까 그만 웃음보가 터져서 둘이서 배꼽을 잡고 얼마나 웃었던지 나중엔 눈물까지 나오고 배가 아파서 숨을 못 쉴 정도로 지칠 때까지 웃었다.

어쩌면 한국에서 배운 영어 발음과는 얼마나 다른지.

아무튼 재미나게 영어 공부를 끝내자마자 그녀는 성경 책을 펴더니 하나님에 대해 이야기를 했다.

그때 나는 얼마나 성경 지식이 없었든지 예수님이 하나님의 아들이라는 것조차 몰랐는데 하나님이 우주를 창조했으며 사라를 사랑한다고 말한다.

나는 누군가가 하늘과 땅을 창조했다는 것은 동의할 수 있을 것도 같지만 나를 사랑한다는 말은 전혀 믿을 수가 없다고 대답을 하니 마리는 그 크고 아름다운 눈에 눈물을 글썽이면서

"지금 내가 사라를 사랑하고 있는데 내 동생의 부인이어서가 아니라 하나님의 사랑을 내게 주었기 때문에 그 사랑을 당신에게 전하는 것인데 하나님은 우리 인간들을 너무나 사랑하기 때문에 독생자 아들 예수그리스도를 이 땅에 보내시어 우리의 죄와 질병, 구원을 위하여 십자가에 못 박혀 피 흘려 돌아가셨다가 삼일 만에 다시 부활하셨다고."

라고 설교를 했다.

나는 마치 홍길동 이야기를 듣고 있는 기분이 되어 그녀를 똑바로 쳐다보면서

“마리, 내가 하나님을 믿고 싶어도 믿어지지가 않는데 어떻게 믿으란 말인가요? 만일 누군가가 나한테 돌부처를 갖다주고 원하는 것을 빌면 이루어진다고 말했다 합시다. 아무리 그렇다고 할지라도 내가 믿어져야 그 부쳐 앞에 앉아서 기도를 하지 믿어지지도 않는데 어떻게 기도를 한단 말입니까?”

나는 목에 힘을 주며 웃기지 말라는 태도로 대항을 했다.

그래도 그녀는 침착하게

“만일 당신에게 문제가 있거나 필요한 것이 있거든 하나님 앞에 내어놓고 기도를 하세요. 예수 이름으로 구하면 다 들어주시는데 질병까지도 고쳐 주신답니다.”

라고 말을 하기에 너무 기가 막히고 어이가 없어 웃으면서

“마리, 나는 하이클래스의 인텔리전트는 아니지만 교육을 받았고 책도 많이 읽는 독서광이라 지식을 가지고 있지요. 현대는 과학이 고도로 발달해서 인공위성이 하늘로 올라갔다 내려왔다 하며 컴퓨터가 사람의 두뇌 보다 더 정확하게 일을 하는 데 있는지 없는지도 모르는 더구나 눈에 보이지도, 손에 잡히지도 않는 하나님 앞에 필요한 것을 요구하고 문제를 해결해 달라고 구한다니 미개인 들이나 믿는 것이 아닙니까?”

하며 기세 당당하게 대들었다.

그러나 마리는 오히려 자신만만하게

“사라, 하나님께서는 살아계셔 지금 이 자리에도 역사하고 계신데 나는 당신이 곧 하나님을 믿을 것을 알고 있어요.”

라고 부드럽게 말했다.

"마리, 하나님께서 참으로 살아계시다면 내 귀에 들리게끔 사라야, 내가 하나님이니라. 하는 음성을 들려주시든지 아니면, 무슨 기적이라도 보여주시든지. 만일 그런 일이 실제로 일어난다면 하나님을 100% 믿을 것이지만 그렇지 않으면 하나님을 믿을 수가 없습니다."

마리는 눈물을 글썽이면서 알았으니 같이 기도를 하자고 내 손을 잡았다.

나는 기도가 하고 싶어서가 아니라 채면 때문에 억지로 눈을 감고 머리를 숙이니 그녀의 기도가 시작됐다.

천지를 창조하시고 또 주관하시는 권능의 하나님.
지금 사라가 하나님을 믿고 싶어도 믿어지지가 않아서
아버지를 못 믿고 있사오니 부디 이 시간에 특별히 사랑하사
살아계신 하나님을 만나는 기적이 일어나
불쌍한 영혼을 구원해 주시어 주님의 자녀로 택해 주소서.
또한 사라를 통하여 안 믿는 다른 많은 영혼들도
믿게 되는 역사가 일어나게 하옵소서.
이 모든 간구에 응답해 주심을 믿사오며
주 예수그리스도 이름으로 기도드립니다. 아멘.

눈을 뜨니 그녀는 흐느끼고 있었다.

나는 마리가 뜨거운 눈물까지 흘리면서 하나님을 믿으라고 전도하

는 것을 보고 하나님께 미쳤어도 단단히 미쳤구나! 하는 생각이 들었지만 마음 한구석에는 무엇이? 저 여자의 마음을 감동시켜 울면서까지 하나님을 믿으라고 왜 간절히 전하는가 하는 호기심도 들었다.

아무튼 매일 영어 공부 1시간, 성경공부 1시간씩 하는 것 외에도 일요일이면 교회에 가고, 일주일에 기도회 한번, 성경공부 한번 한 달에 한 번씩 만나는 크리스천 부인 클럽 등 마리는 내가 영어를 잘 알아듣지 못한다는 것을 알면서도 부지런히 데리고 다녔다. 어디를 참석해도 동양 여자는 나 한 사람뿐이었는데 나는 흥미가 있거나 배우고 싶어서가 아니라 심심하고 지루하니까 사람도 만나고 찬송도 들으며 시간을 보내려고 가는 것이다. 하지만 내 마음속에는 하나님이 눈에 보이지도, 살아 있지도 않는데 모두들 쓸데없이 시간만 낭비하는 것 같아서 교인들이란 전혀 세상 재미를 모르고 사는 바보같이 지루하고 답답해 보였다.

그래서 독일에 있는 남편한테 편지를 썼다.

'당신 누나가 믿어지지도 않는 하나님을 믿으라고 귀가 아프도록 설교를 하고 또 이제는 당신도 보고 싶으니 빨리 서류를 보내 이곳을 떠나게 해 주세요.'

그러던 어느 날 시어머니 말이 같은 회사에 다니는 친구의 딸이 결혼을 하는데 나더러 파티에 같이 가겠느냐고 물었다.

그렇지 않아도 심심하고 지루했던 참이었는데 좋은 기회라 생각하고 얼른 따라나섰다.

파티는 굉장했는데 많은 사람들이 큰 홀에 모여 웅성거리고 밴드에 맞춰 음악이 흘러나왔으며 음식, 술, 음료수가 풍성히 준비되어 있었다.

그리고 내가 생전 보지 못했던 결혼 파티가 시작됐는데 어느 정도 시간이 지나자 모두들 함께 빙빙 돌면서 춤을 추다가 남자 줄 여자 줄로 나누어 서더니 남자 줄에 서 있는 사람들은 한 사람씩 차례대로 신부와 같이 짧게 춤을 추면서 면사포나 드레스에다 자기 성의껏 돈을 핀으로 달아주며 축하한다든가, 잘 살라든가, 행복하라고 축복의 말을 해 주었는데 나중에는 신부의 드레스와 면사포가 온통 돈으로 포장이 되어 마치 돈 드레스를 입은 것 같이 보였다.

또 여자분들은 신랑의 파트너가 되어 춤을 추면서 달아 준 돈으로 말미암아 신사복이 돈으로 포장되었다.

앞으로 잘 살라는 유럽 풍속 같았는데 얼마나 로맨틱하며 사랑스럽고 행복해 보였는지 남의 결혼식에 저절로 흥겨워서 내가 전혀 알지도 못하는 사람들이었지만 진심으로 잘 살라고 빌어 주면서 옛날 생각이 떠올랐다.

오빠가 장가가던 날. 친구들이 오빠의 발을 공중에 매달아 놓고 긴 막대기로 발바닥을 때리면서 술 가져와라, 음식 가져와라, 노래하라 하는 바람에 나는 너무나 놀라 오빠의 발바닥이 얼마나 아플까?

제발 더 때리지 말기를 얼마나 간절히 빌었던지 기쁜 날에 오히려 스트레스에 쌓여 얼굴이 노래져 가슴이 조마조마, 숨을 제대로 못 쉬고 공포의 시간을 보냈던 기억이 떠오르면서 오늘은 참으로 즐거운 결혼식이라고 기뻐했다.

마시실 줄도 모르는 술을 오래간만에 몇 잔 마셔서 인지 얼굴이 달아오르고 머리가 어지러운데, 그동안 하나님 말씀만을 매일 듣다가 세상 구경을 하니 마치 여행을 온 듯한 기분이 들었다.

아무튼 결혼 파티를 흥미롭게 신선한 눈으로 구경을 하며 기분전환을 한 후 밖이 어둑어둑해서야 마리네 집에 도착해 거실 문을 열고 발을 들여 놓으려고 하는데 짐이 나오기를 눈이 빠져라 기다렸다는 듯 문 앞으로 뛰어나오면서

"사라, 이것을 봐요!"

흙물이 담겨있는 손바닥만 한 병을 보이며 소리를 높여 흥분했다.

도대체 무슨 이유로 문지방을 들어서기도 전에 야단법석인가 의아해하며 이것은 흙 물 같은데요 물으니 "그렇다."라고 머리를 끄덕인다.

나는 무슨 영문 인지를 몰라서 그런데 왜 이 흙물을 나에게 보이는 것입니까? 물으니, 그때서야 빙그레 웃으면서

"이 흙물은 물이긴 하지만 특별한 물이기 때문이지."

"아니, 특별한 물이라니, 물도 특별한 물이 있나요?"

점점 더 알아듣지 못하는 이상한 말을 해 다그쳐 물으니 이 물은 바로 자기 부모님 땅에서 나온 것이란다.

'정말이요?'

나는 정신이 번쩍 났다.

그러니까 얼마 전 토요일, 저녁 식사를 하려고 짐, 마리, 빌, 션, 나

다섯 식구가 식탁 위에 둘러앉아서 기도를 끝내고 스파게티를 먹으려고 하는데 짐의 얼굴 표정이 근심으로 잔뜩 쌓여서 식사를 할 생각을 안 한다.

마리가 오늘 밖에서 무슨 기분 좋지 않은 일이라도 있었어요? 물으니 짐이 힘없이 고개를 끄덕인다.

"무슨 일이 있었는지 이야기를 해 보세요."

궁금해하니 이런 말을 털어놓았다.

얼마 전 짐의 부모님이 알바커키시에서 좀 떨어진 시골에다(모리아티) 5 에이커(6120평)의 땅을 사놓았는데(그곳은 시의 혜택을 받지 못하는 즉, 수도 시설이 안 되어 있는 개발 중인 공기 좋고 넓은 평야의 시골이었다.) 짐의 부모님이 곧 은퇴를 하시고 그곳으로 이사를 가기 원하셔 오늘 짐이 물줄기 찾는 기계를 가지고 가서 땅 곳곳마다 420 피드 깊이까지 땀을 뻘뻘 흘리면서 하루 종일 구멍을 파 보았으나 까만 오일 만이 조금 나올 뿐 물줄기는 전혀 찾아볼 수가 없는 메마른 땅이었다고 말하면서 그 주위에 다른 사람들이 산 땅에는 물이 나와서 집을 지어 살거나 트레일러 집을 끌어다 놓고 살고들 있는데 하필이면 짐의 부모님(슬램&베리)이 산 땅에서는 한 방울의 물도 안 나오더란다.

곧 이사를 가려고 잔뜩 기대를 하고 있는 부모님에게 이 사실을 말하면 그들의 꿈이 무너져버려 낙심하고 속상해할 것 같아서 알려드리지 않고 그냥 집으로 왔다고 그래서 맥이 빠져 입맛이 다 달아났다고 말하면서 '이제 불모의 땅이 되어버렸으니 어쩌면 좋겠느냐'고 어두운 표정이 되어 한숨을 길게 내쉬었다.

나도 한 달 전에 짐의 부모님을 따라가서 그 땅을 답사한 적이 있었기 때문에 무슨 말을 하는지 잘 알고 있었다.

스파게티를 먹으면서 짐의 이야기를 듣고 있던 내가 '아니, 그 땅에 물을 나오게 해 달라고 기도를 하면 되지 하나님을 잘 믿는 사람들이 왜 걱정을 합니까? 당신들이 나에게 말하기를 무엇이든지 필요한 것은 여호와 하나님께 기도를 하면 응답을 받을 수 있다고 말하지 않았습니까?'

나는, 참으로 물이 땅속에서 솟아 나올 것을 기대하는 믿음에서 말을 한 것이 아니라 내가 보기에는 눈에 보이지도, 손에 잡히지도 않는 하나님을 열심히 믿는 그들이 한심스러워 나도 모르게 한 마디 던진 것이다. 하지만, 곧 '아차! 이렇게 심술 짓게 비꼬면서 말하는 것이 아닌데.' 후회를 했으나 이미 엎질러진 물이다.

그런데 그들이 말하기를

"사라, 당신에게 필요한 것이 있으면 하나님께 기도하고 예수 그리스도 이름으로 구하면 얻을 수가 있습니다."
라고 믿기지도 않는 홍길동 같은 이야기를 자주 들려주었던 말이 내 잠재의식 속에 숨어 있다가 정말도 문제가 생기자 나도 모르게 툭! 터져 나오면서 장난을 친 것이었다.

나는 내가 던진 말에 당황해서 미안한 얼굴로 눈치만 보고 있는데 천만 뜻밖에 마리가 자기 무릎을. '탁!' 치더니

"그래, 사라 네 말이 맞아, 베리(미국에서는 시어머니 이름을 불러

도 괜찮은가 보다.) 더러 그 땅에 가서 물을 나오게 해 달라고 하나님께 기도를 하자고 할 거야."
하면서 금방 얼굴이 환해지면서 명랑해졌다. 그 말을 듣는 순간 나는 하하 하하, 하하하하하 웃어버리고 말았다.

'세상에 맙소사!' 오일 만이 조금 보일 뿐 한 방울의 물도 안 나오는 땅에 가서 물을 나오게 해 달라고 하나님께 기도를 하자고 하겠다니 머리가 빙 돈사람 들이지, 돌았어도 보통으로 돈 것이 아니로구나.'

나는 어이가 없어 한심한 마음으로 머리를 흔들며 그녀의 환한 얼굴을 신비하게 쳐다봤다.

어쨌든 간에 이튿날은 일요일이라서 모두들 교회를 갔는데 예배가 끝난 후 베리와 슬램, 큰아들 쟌과 손자 등 몇 사람이 그 사막 같은 땅에 가서 찬송을 부르고 물을 나오게 해 달라고 간절히 기도를 했는데 성령님께서 베리 씨에게

" This is so that you shall know that I am the Lord thy God."
(내가 너의 하나님인 것을 알게 하노라) -출애굽기 6장 7절

라는 말씀과 방언 통역이 나오면서

"사랑하는 딸아, 네가 나를 섬기고 순종하며 또 기쁘게 하였으니 네가 원

하는 물을 주어 간증이 되게 하리니 불쌍한 영혼들을 위하여 더 많은 일을 하라."

라고 예언을 주시더란다.

그러고 보니 웃지 못할 에피소드가 생각난다.

내가 세 번째쯤 교회에 나갔을 때였나 보다. 설교가 끝난 후 목사님께서

"지금 이 자리에 계신 분들 중 아직까지 구원을 받지 못한 분이 있으면 앞으로 나오세요. 기도를 해 주겠습니다."

라고 말씀을 하시니, 결신자 세 사람이 앞에 나가 섰다.

나는 구원이 무엇인지, 이해가 안 가는 것은 둘째로 치고 하나님이 살아 계시다는 것마저 실제로 믿어지지가 않아서 우두커니 앉아 있는데 신사이신 쟌(짐의 형님)이 내 앞으로 오더니 사랑이 가득 찬 뜨거운 얼굴로

"사라 씨, 예수님께서 당신을 사랑하십니다. 앞에 나가 목사님의 기도를 받고 구원받으세요."

나는 구원이라는 것이 도대체 무엇인지도 모를 뿐만 아니라 약 200명 정도 앉아 있는 교인들 중에 동양 여자는 딱 하나뿐인 내가 그 많은 미국 사람들이 모두 집중해서 쳐다보는 가운데 어떻게 앞에 나가 기도를 받는단 말인가?

부끄럽기도 하고, 멋쩍기도 하여 당황해서 우물쭈물하고 있는데

"사라 씨, 하나님께서 당신을 사랑하십니다 구원받고 천국 가세요."

미국 사돈어른이 글쎄 눈물까지 흘리면서 권하고 있지 않은가!

졸렸던 내 머리 위에 갑자기 찬물을 확 끼얹은 것처럼 정신이 번쩍 났다.

앞에 나가자니 창피하고, 안 나가자니 점잖은 사돈께서 무안해할 것 같고, 그래서 이러지도 저러지도 못하고 잔뜩 긴장을 하고 있는데 내 속 마음을 아는 듯, 혼자 나가기가 부끄럽다면 같이 나가 주겠다는 것이다.

그래서 나는 울며 겨자 먹기 식으로 할 수 없이 따라나섰다.

말하자면 본의 아니게 구원을 받겠다고 목사님 앞에 선 것이다.

목사님께서는 한 사람씩 세 사람을 차례대로 손을 얹고 기도를 해 주시고 마지막으로 내 머리 위에 손을 얹고 기도를 시작해 거의 끝나갈 무렵이 되었을 때 뒤에서 갑자기 큰 소리가 들려오기에 귀를 기울여 보니 베리 씨가 기도를 하시는 것 같았는데 나는 한 마디도 알아들을 수가 없어서 알쏭달쏭 수수께끼로 서 있었고 잠시 후 목사님께서는

"지금 이 앞에 나와 계신 분들 주께서 구원해 주셨으며 하나님께서 돌보아 주겠노라."

라고 성령님이 말했다 하셨다.

솔직히 말하자면 나는 무엇이 어떻게 돌아가는지 전혀 이해가 안

가는 가운데 예배를 마치고 마리네 집으로 돌아왔을 때는 그동안 머리 꼭대기부터 발끝까지 잔뜩 긴장되었던 마음을 풀면서 소파에 주저앉아 휴식을 취하고 있는데 마리가 오더니

"오늘 예배 때 하나님께서 특별히 너에게 예언을 해 주셨는데 넌 알고 있니?"

"뭐라고요? 하나님께서 나에게 예언을 하셨다니, 그게 정말인가요? 헌데, 나한테는 아무 말도 안 했는데, 참 이상하다."

놀라서 물으니 마리가 설명하기를 하나님께서 너한테 직접 말을 한 것이 아니라, 베리를 통해서 방언으로 말하게 하셨고 그 방언을 목사님께서 통역을 하셨는데 '사라, 당신을 구원하여 질그릇으로 사용하겠다'라고 말씀을 하셨단다.

도대체 방언, 통역, 예언 이 모든 것이 다 무엇이냐고 궁금해하니 마리는 성경 책을 펴서 읽기 시작했다.

"방언을 말하는 자는
사람에게 하지 아니하고 하나님께 하나니
이는 알아듣는 자가 없고 그 영으로 말 함이라.
그러나 예언하는 자는
사람에게 말하며
덕을 세우며 권면하며 안위하는 것이요.
방언을 말하는 자는, 자기의 덕을 세우고

예언을 하는 자는, 교회의 덕을 세우나니
나는 너희가 다 방언 말하기를 원하나
특별히 예언하기를 원하노라
방언을 하는 자가, 만일 교회의 덕을 세우기 위하여
통역하지 아니하면 예언하는 자만 못 하니라.
그러므로 방언을 말하는 자는 통역하기를 기도할지니
내가 만일 방언으로 기도하면 나의 영이 기도하거니와
나의 마음은 열매를 맺히지 못하리라
그러면 어떻게 할꼬
내가 영으로 기도하고 또 마음으로 기도하며
내가 영으로 찬미하고 또 마음으로 찬미하리라." -고전 14 : 2-15

방언이란, 본인이 하나님께 직접 기도하는 다른 나라 말이고 통역은, 방언을 해석하는 자요 예언은, 하나님께서 각 사람에게 주시는 계시라고 설명을 했다.

그때서야 나는 예배시간에 벌어졌었던 것들의 의미를 깨닫고는 깔깔대고 웃어대니까 영문을 모르는 그녀는 왜 웃느냐고 물었다.

"목사님께서 내 머리 위에 손을 얹고 기도를 하실 때 베리 씨가 갑자기 큰 소리로 기도를 하시기에 신경을 써서 귀를 기울여 봤는데 도대체 한 마디도 알아들을 수가 없기에 내가 영어를 몰라서 나 혼자만 못 알아듣는가 보다 생각하고 있었는데 그 기도가 바로 방언이었는지라 영어를 잘하는 당신도 몰랐었다니 내가 착각을 하고 있었던 것이 우스워 웃었어요."
라고 대답하니 그녀도 따라 웃었다.

그날 나는 영으로 기도하는 것이 방언이라는 것을 알았다.

아무튼 물 없는 땅에 물을 준다는 예언을 들은 후 짐과 아버지 슬램이 밧줄에다 매단 바켓을 가지고 그 땅으로 가서 먼저 돌을 주워 떨구어 보니 '풍덩'하고 물소리가 나더란다.

그래서 두레박을 내려 물을 퍼 올린 후 끈을 재보니 420피트 깊이를 팠어도 한 방울의 물도 나오지 않던 땅에서 270피트 깊이에서 물을 퍼 올렸단다.

그래서 이 기적이야말로 참으로 하나님의 은혜가 아니냐고 흥분하고 기뻐 춤추며 소리 높여 하나님께 찬양과 영광을 돌렸단다.

그리고 집으로 돌아오기 전에 짐은 하나님을 믿지 않는 목이 굳은 사라가 생각이 나서 하나님의 기적을 증명하기 위해 일부러 빈병을 구해다가 물을 담아 가지고 집으로 돌아와 가슴 두근거리며 기다리고 있다가 내가 들어서자 반가워서 그 '기적의 물병'을 내 눈앞에 쑥 내밀어 보였던 것이다.

그날 저녁 기적을 믿고 있었던 그들이나, 기적을 믿지 않았던 나나 모두들 전능하신 하나님의 놀라운 능력에 충격을 받아 경건해졌다.

더구나 그들을 비꼬고 있었던 나는 너무나 부끄러워서 코가 납작해져 깊은 명상에 빠졌다.

전기의 힘은, 눈에 보이지도 손에 잡히지도 않지만 큰일을 해 내듯이 하나님도 눈에 보이지 않고 손에 잡히지 않으시지만 큰일을 나타내 주시는구나! 이것이 하나님의 능력 바로 기적이라는 것인가!

어느 날 또 마리가 기도회 모임이 있으니 날더러 같이 가자고 했다.

그날따라 나는 별로 가고 싶지가 않아서 빌과 션은 내가 베이비시터 해 줄테니 혼자 가라고 했다.

그런데 집을 나간 지 30분도 안 돼서 얼굴을 찡그리며 돌아왔다.

벌써 기도회 모임이 끝났어요? 물으니 '아니'라고 힘없이 대답을 하면서 모임에 가서 앉아 있는데 갑자기 배 속에서 돌멩이 같은 것이 치밀어 올라오는데 너무 아파서 견딜 수가 없어 돌아왔다고 하며 그녀는 앉지도 서지도 못하며 침대 모퉁이를 붙들고 산모가 아기 낳는 진통을 하듯이 진땀을 흘리면서 어쩔 줄 몰라 쩔쩔맸다.

그렇게 아픈데 곧바로 병원으로 갈 것이지 왜 집으로 왔느냐고 걱정을 하며 만일, 돈이 없어서라면 내가 비상금으로 좀 가지고 있으니

이 돈을 가지고 빨리 병원에 가자고 재촉을 했다.

그런데 그녀의 대답은 천만 뜻밖에도 '짐이 기도만 해 주면 나을 것'이라고 말하며 진땀을 흘리고 신음을 하고 있으면서도 병원에는 갈 생각은 안 하고 일 나간 남편을 원하고 있어서 나는 너무나 기가 막혀서

"세상에. 하나님한테 미쳤어도 완전히 미쳤구나!"

혼자 중얼거리면서 그녀가 참으로 한심하고 답답하고 어리석게 보였지만 어찌하겠는가?

마리가 남편이 일하고 있는 직장에 전화를 거니(짐의 부모님이 운영하는 Air Condition & Heater Company) 짐은 작업을 나가서 사무실에 없고 비서로 일하고 계신 시어머니가 전화를 받았다.

마리는 신음을 하면서 배에서 돌멩이 같은 것이 치밀어 올라와 아파서 견딜 수가 없어 전화를 했다고 하니 시어머니 말씀이 내가 곧 너희 집에 갈 테니 조금만 기다리고 있으라고 했다.

20분도 채 안 걸려 베리 씨는 믿음 좋은 큰 며느리 쉘을 데리고 숨가쁘게 달려와서는 침실에 들어서자마자 셋이서 두 손을 번쩍 들고 방언 기도를 하기 시작하는데 얼마나 열심히, 얼마나 간절히 기도를 하는지 뜨거운 열기가 온 방 안에 가득 찼는데 방언과 기도를 돌아가면서 한참 동안 하던 그들이 찬양을 하기 시작했을 때는 타오르는 열기로 말미암아 모두들 이마에 땀들이 흘러내리고 있었다.

그런데, 그런데 와! 이게 어쩐 일이가!

글쎄 앉지도 서지도 못하며 쩔쩔매고 있었던 마리가 언제 아팠었

느냐는 듯 침대 위에 편안한 자세로 앉아서 시어머니와 두 며느리가 함께 뜨거운 눈물이 범벅이 되어

"하하하하하! 하하하하하! 할렐루야! 주님 감사합니다!"

깔깔대고 웃으면서 기쁨과 환희에 찬 광채 나는 얼굴로 소리 높여 하나님께 찬양과 경배를 드리고 있지 않은가!

아! 아! 와!

사랑이 눈에 보이지 않고 바람도 손에 잡히지도 앉지만 무엇인가 굉장한 힘이 이 우주 공간을 지배하고 있는데 그렇다면, 이것이 신의 힘이라는 것일까? 신이라면 그녀들이 믿고 있는 여호와 하나님의 신? 알고 싶다. 찾고 싶다. 정말로!

나도 그녀들이 경배하는 하나님을 만나고 싶다!

놀라움과 긴장감으로 잔뜩 싸여 구경만 하고 있었던 나는 유년 주일학교 때 배운 천국과 지옥이라는 말씀이 떠오르면서 만일 내가 살아계신 이 분을 믿지 않고 지금 죽는다면 참으로 지옥에 떨어지겠구나 하는 공포가 들이닥치면서 두려움과 무서움으로 가슴이 두근두근 떨려 왔다.

그래서 베리, 쉘, 마리 앞에 꿇어앉아 '당신들의 하나님을 나도 믿고 싶으니, 저를 위해서 기도해 주세요.' 나 스스로 자진해서 하나님을 믿겠으니 기도를 해달라고 말한 것은 처음이다.

그녀들은 마치 이런 때를 기다리고 있었다는 듯이 "와!" 환성을 지르면서 다시 모여서 통성기도를 시작한다.

모두들 나를 위하여 울부짖으며 기도를 하는데 내 몸에 불이 옮겨 붙은 것 같이 뜨거워서 견딜 수가 없다.

기도가 끝난 후 모두들 기쁨의 눈물로 범벅이 되어 나를 끌어 앉아 주면서 사라도 이제부터는 하나님의 자녀가 되어 한 식구가 되었다고 축하해 주었다.

나는 성령세례를 받은 그날 이후부터는 정말로 하나님이 살아 계시다는 것이 믿어지며 그분이 어떤 분이신가를 빨리 알고 싶어서 마리의 성경 책을 펴니 내 영어 실력으로는 이해를 할 수가 없어 한글로 된 성경 책을 읽어 봤으면 하니 마리가 말하기를 산타페이시에 국제결혼을 한 여자가 살고 있는데 가서 만일 그녀가 한글 성경 책을 갖고 있다면 빌려 오겠다고 말했다.

그런데 신기하게도 하나님의 계획 아래 특별한 섭리였는지 산타페이시에(1975년) 그것도 딱 한 사람뿐인 국제결혼한 한국인 그녀가 마침 기독교 신자였는지라, 한글 성경 책을 가지고 있었으니 이것도 참으로 기적 중의 기적이였다.

마리가 기뻐서 싱글벙글 웃으며 빌려 가지고 와서는 구약은 읽지 말고 신약부터 읽으란다.

도대체 옛날 약과 현대 약이 무엇인지는 모르지만 아무튼 신약부터 펼쳐서 마태복음을 읽기 시작하는데 예수님의 족보가 쭉 지루하게 이어졌다.

성경 책은 참으로 하나도 재미없는 이야기로구나 생각하며 그만둘까 하다가 그래도 계속 읽어내려가노라니

"하나님이 세상을 사랑하사
독생자 예수를 이 땅에 보내시어
하늘나라를 가르치시고
물을 가지고 포도주로 변화시키셨는가 하면
장님이 눈을 뜨고
혈루병 여인이 병 낫음을 얻었고
앉은뱅이가 일어서고,
중풍병자가 낫고
문둥 병자가 깨끗이 고침을 받았는가 하면
귀신 들린 자도
죽은 나사로도 살리셨고

각색 병든 자를 고치셨으며
나중에는 세상 사람들의 죄와 질병, 사망의 저주에서 구원하시기 위해서
십자가에 못 박혀 피 흘려 돌아가셨다가
사흘 만에 부활하셨다."

라는 기적의 말씀들이 쓰여 있었다.

그런데 참으로 놀라운 사실을 발견했는데 예수께서 이 땅에서 첫 번째로 행하신 기적이 바로, 물을 가지고 포도주로 변화시킨 것이었는데 희한하게도 내가 첫 번째로 본 기적도 물 없는 땅에서 물이 나온 것을 본 것이다.

그래서 물로 포도주를 만드셨다는 기적은 무조건 믿어졌다.

그리고 앉지도 서지도 못해 진통으로 괴로워했던 마리가 기도를 해서 감쪽같이 낳아 버린 것을 내 두 눈으로 똑똑히 보았기 때문에 병자를 고치셨다는 것도 믿어졌고, 죽은 자를 살리셨다는 것도 신이라면 그렇게 할 수도 있을 거라고 상상이 됐다.

그러나 하나님께서 인간을 사랑하셔서 독생자 아들 예수를 이 땅에 보내시어 우리의 질병과 죄, 사망에서 건져주시기 위하여 십자가에 못 박히고 피 흘려 돌아가셨다는 말씀에는 도무지 이해가 안 갔다.

왜?

전지전능하신 분께서 발가벗기어 가시관 쓰고 십자가 위에서 손과 발에 못 박혀 피를 뚝 뚝 흘리시며 끔찍하게 돌아가셨단 말인가!

아무튼 그때부터 나는 마리가 가르쳐 주는 성경 공부에 귀를 기울이며 이해가 안 가는 것이 있으면 질문해서 답을 알아내고 기도모임, 성경공부, 크리스천 부인 클럽, 교회에 가서도 정신을 바짝 차리고 들으니 성경 지식이 점점 늘어났다.

그리고 어느 날 저녁에는 내 생애에서 처음으로 하나님 앞에 무릎을 꿇고 진지하게 기도를 했다.

'천지를 창조하셨고, 만물을 다스리신다는
전지전능하신, 하나님 여호와시여
당신을 만나게 해 주심을 감사드립니다.
저는 초 신자라 아직 말씀을 이해하지 못하는 것이 많고
또 기도도 잘할 줄 모르니
도와주시고, 가르쳐 주시고, 인도하여 주소서.
원하옵기는 저를 구원해 주심같이, 남편 폴도 구원하여 주사
당신을 섬기며 사는 크리스천 가정이 되어 하나가 되게 도와주소서.
그리고 한국에 살고 있는 내 사랑하는 식구들 모두
하나님을 믿는 역사가 일어날 수 있게 복음을 전하는 사람들을
그들에게 보내주어 구원을 받게 해 주시옵소서.
예수 그리스도 이름으로 구하면 들어주신다는 말씀을 믿고
기도드립니다. 아멘.'

나는 마음이 조급해져서 한국에 편지를 쓰기 시작했다.

'천국과 지옥' 이 심청전같이 어느 사람이 상상을 해서 쓴 이야기라고 생각하고 있었는데, 이것이 실제인 진리라는 것을 깨닫고 나니 제일 먼저 떠오르는 사람들은 사랑하는 식구들이 유황불이 펄펄 끓는 끔찍한 지옥에 떨어져서는 안 되겠다는 불안한 마음에 일 분 일초라도 더 빨리 알려주고 싶어서 초조하게 써 내려갔다.

내가 어떻게 하나님을 믿게 되었는가의 간증과 지금 나는 크리스천이 되어 교회에 나가고 있으니 사랑하는 우리 식구들도 교회에 나가서 하나님을 만나는 기적이 일어나 모두 구원을 받고 천국에 가기를 원한다는 긴 문장의 편지를 썼다.

그리고 한글 성경 책을 사서 독일 주소로 꼭 보내 달라고 부탁을 했다.

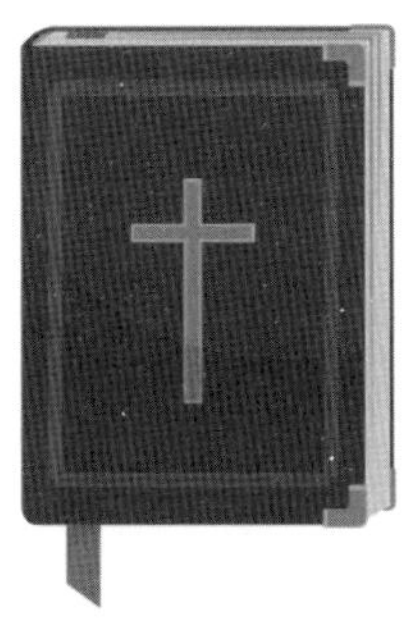

헛되고 헛되며 헛되고 헛되니

기적을 두 번씩이나 직접 두 눈으로 보았으면서도 시간이 좀 흐르고 나니 하나님께서는 특별한 사람들에게만 은혜를 주시나 보다 하는 생각이 들며 점점 지루해지고 남편이 많이 보고 싶은 답답한 어느 날 밤.

잠을 자려고 침대에 누웠으나 통 잠은 안 오고 이곳을 빨리 떠나고 싶다는 생각만이 파도같이 밀려와 이리 뒤 척 저리 뒤 척 뒹굴면서 한숨을 쉬고 있는데 성경 책이 눈에 띄었다.

하나도 재미없는 책이지만 한글로 쓰인 것은 딱 성경 한 권뿐이라서 할 수 없이 집어 들고 지루함은 조금 달랠 수 있을까 하는 희망을 걸고 책장을 이리저리 넘기고 있는데 눈에 확 빨려 들어오는 말씀이 있었다.

"다윗의 아들 예루살렘왕 전도자의 말씀이라
전도자가 가로되
헛되고 헛되며 헛되고 헛되니 모든 것이 헛되도다.
사람이 해 아래서 수고하는 모든 수고가 자기에게 무엇이 유익한고
한 세대는 가고 한 세대는 오되 땅은 영원히 있도다.
해는 떴다가 지며 그 떴던 곳으로 빨리 돌아가고
바람은 남으로 불다가 북으로 돌이키며
이리 돌며 저리 돌아 불던 곳으로 돌아가고

모든 강물은 다 바다로 흐르되 바다를 채우지 못하며
어느 곳으로 흐르던지 그리로 연하여 흐르느니라.
만물의 피곤함을 사람이 말로다 할 수 없나니
눈은 보아도 족함이 없고 귀는 들어도 차지 아니하도다.
이미 있던 것이 후에 다시 있겠고
이미 한 일을 후에 다시 할지라.
해 아래는 새것이 없나니 무엇을 가리켜 이르기를
보라, 이것이 새것이라 할 것이 있으랴 우리가 있기 오래전 세대들에도
이미 있었느니라." -전도서 1:1-10절

와! 와! 와! 와!

나는 침대에서 벌떡 일어나 총알같이 뛰어 내려와 앉았다.

갑자기 내 머릿속에 100촉짜리 전깃불이 '탁!' 들어온 듯이 환해졌는데 삶이란 무엇인가? 왜 사는가?

의문을 수없이 질문하며 방황했던 나, 철학 책을 밤새도록 읽으면서 인생을 논하여 봤지만 대답을 얻지 못해 허무라는 빈 구멍에 빠져 허우적거리고 고민하고 몸부림쳤던 그 수많은 낮과 밤들.

그런데, 그런데 그 정답을 놀랍게도 바로 성경 책 전도서에서 진리를 찾아냈으니 내 어찌 흥분하지 않으리오.

나는 정신을 바짝 차리고, 쉼도 제대로 못 쉬며 재빨리 읽어 내려가기 시작했다.

그 당시 솔로몬은 부자 나라의 왕이었다.

날아가는 새도 잡을 만한 권세자, 이 세상에서 어느 누구보다도 부럽지 않은 금, 은, 보화가 가득 찬 화려하고 아름다운 궁전에서 온갖 사치를 누리면서 수많은 여자들과도 마음대로 정욕을 채울 수 있는 권세, 그렇게 온갖 부귀영화와 최고의 권력을 모두 누리며 살았음에도 불구하고 거기서 만족과 행복을 찾을 수가 없어서 허무에 빠져 방황을 하다가 마침내 진리의 정답을 찾아냈으니,

"일의 결국을 다 들었으니
하나님을 경외하고 그 명령을 지킬지어다." - 전도서 12:13

라고 고백을 한 것이다. 그런데 바로 그 말씀이 내 귀에서 뱅~ 뱅~ 뱅.

"하나님을 경외하고 그 명령을 지켜라, 지켜라, 지켜라!"
메아리치면서 살아서 움직여 내 영과 혼과 관절과 골수를 찔러 쪼게 온몸을 뜨겁게 타올라 혼자서 철야 아닌 철야를 했다.

그날 밤 이후로, 내 삶에 막혀 있었던 문제가 확 풀렸는데 진리로 하여금 자유함을 얻어서 설교 테이프를 들을 때도 귀에 쏙쏙 잘 들어오고 참으로 지루하고 재미없었던 성경 말씀들이 이제는 꿀맛같이 달콤해 독서광인 나는 밤낮을 가리지 않고 성경을 읽다가 나중에는 노트를 사다가 마음에 닿는 말씀들은 모두 다 옮겨 적으면서 말씀의 시를 썼다.

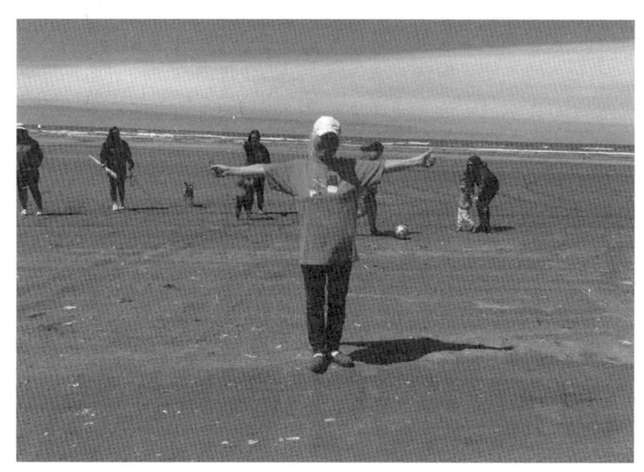

진리가 너희를 자유케 하리라

"이 세상에 있는 모든 것이
육신의 정욕과 안목의 정욕과 이생의 자랑이니
다 아버지께로 쫓아 온 것이 아니요
세상으로 좇아온 것이다

하나님의 말씀은 살았고 운동력이 있어
좌우에 날선 검보다도 예리하여
혼과 영과 및 관절과 골수를 찔러 쪼개기까지 하여
또 마음의 생각과 뜻을 관찰하시나니
진리를 알지니
진리가 너희를 자유케 하리라"
- 요1서 2:16, 요한 4:12, 8:32

거듭남

부활절이 가까워오는 어느 주일날 교회를 가니 텍사스주에서 특별히 초청해서 온 어느 합창단이 와서 예배를 인도하는데 그들의 입술로 부르는 찬양이 천사의 소리같이 들렸고 기쁨과 환희로 가득 찬 그들의 얼굴은 성령으로 가득해 광채로 빛이 났다.

나는 마른 스펀지에 물이 빨려 들어가듯 은혜 속에 푹- 젖어 있었는데 찬양이 끝나자 지휘를 하시던 목사님(?)께서 군중들을 둘러보시면서

"누군가 다리가 아파서 고통을 받고 있는 사람이 있는데 지금 다 낳았으니 앞으로 나오라."

고 말씀을 하셨다.

그런데 마침 다리를 다쳐서 클러치를 집고 다니는 본 교회 목사님의 중학생 아들이 바로 내 앞에 앉아 있었는데 즉 30분 전에 그가 클러치를 집고 들어오는 것을 내 두 눈으로 똑똑히 본 바로 그 학생이 하필이면 벌떡 일어나더니 클러치를 의지하지 않고 저벅저벅 걸어 나가는 것이었다.

찬양을 인도하시던 목사님이 소년에게 뛰어 보라고 하니 교회 안을 뛰어서 한 바퀴 돌고는 기도를 받은 후 다시 내 앞자리 코앞에 앉았다.

옆자리에 같이 앉아 계시던 본 교회 사모님께서 절룩대던 아들의 다리가 나은 것이 믿어지지 않는지

“애야, 진짜로 다리가 안 아프냐?”라고 묻자

“네. 하나도 안 아프고 정상이야요.”라고 대답을 하니 사모님이 고개를 갸웃거리신다.

바로 등 뒤에서 둘이서 수군대는 그 대화를 듣고 있던 나는 긴장해서 숨을 제대로 쉴 수가 없고, 내 가슴은 두근두근, 화끈화끈해지며 금방 산화산처럼 터져 버릴 것만 같았는데 또다시 성령에 취해서 부르는 합창단의 찬양을 듣고 있노라니 내 마음이 부글부글 끓어 오르기 시작하더니

‘김사라!
너는 스스로 똑똑하고 잘났다고 생각하면서 살고 있는데
창조주 하나님 앞에 서고 보니
참으로 얼마나 더럽고 추한 조그마한 버러지 같은 인간이었든가?
고집쟁이에다, 교만했으며, 질투하고, 남을 헐뜯었으며
좋으면 삼키고 싫으면 뱉지 않았는가!
하나님! 남을 미워한 죄, 욕한 죄, 싸운 죄, 거짓말한 죄
부모님 속을 썩여 드린 죄 등
저의 잘못한 모든 것을 용서해 주시옵소서’

회개의 기도가 쏟아져 나오기 시작하는데, 어려서부터 지은 죄가 떠오르는데 죄가 너무 많아 부끄러워 가슴이 빠개질 것 같고 도대체, 어디에 그렇게도 많은 눈물들이 잠겨 있다가 쏟아져 나오는지 눈물,

콧물이 합쳐서 홍수처럼 터져 나왔다.

내 힘으로는 도저히 걷잡을 수도, 감당할 수도 없어서 예배 중이었지만 할 수 없이 화장실로 달려가 쏟아져 나오는 눈물과 콧물들을 닦아내기 시작했는데 새 화장지 한 덩어리가 내 눈물에 젖어 다 없어져 버렸고 마지막 남은 반 덩이나 되는 화장지마저 눈물에 젖어 모두 없어져 버렸다.

그런데도 불구하고 어디에 눈물이 숨어 있다가 한도 끝도 없이 자꾸만 쏟아져 나오는지 도저히 억제할 수가 없어 울고 또 울고 나중에는 치맛자락으로 눈물을 훔쳐 내며 한참을 더 울다가 이제는 정말로 안 되겠다 싶어서 억지로 마음을 진정시킨 후에 거울을 들여다보니 눈은 새빨갛고 화장을 했던 내 얼굴은 눈물로 얼룩져서 엉망이다.

할 수 없이 찬물로 세수를 깨끗이 하고는 다시 교회 안으로 조용히 들어와 앉았다. 바로 그날 더럽고 추했던 내 모든 죄는 예수님의 보혈로 깨끗이 씻음을 받았고 내 가슴속에 성령님이 들어오셨다.

애리조나주 피닉스시에 가다

어느 날 마리가 남편한테 하는 말이 애리조나주 피닉스시에서 "Woman's of Christion Club"(하나님을 믿는 여성이면 교파를 가리지 않고 누구나 참석을 할 수 있음)에서 전 미국 각 주마다 대표 회장을 뽑는 집회가 있는데 가고 싶지만 어린애가 둘이나 있어 못 간다고 무척 아쉬워하니 짐말이 아이들은 베이비시터에게 맡기면 되니 걱정하지 말고 다녀오라는 것이다. 마리는 문제가 뜻밖에 쉽게 해결되자 매우 기뻐하면서 같이 가자고 했다.

1975년 3월 4일, 산타페이시에서 여성 대표 열 명이 피닉스시로 떠날 때는 하나님이 어디 있느냐고 비웃던 나도 예수를 믿는 크리스천이 되어 동행을 하고 있었다.

우리는 두 차로 나누어 타고 피닉스시로 향해 달렸다.

뉴멕시코주를 지나 애리조나주로 들어서니 인디언들이 옛날에 살았었던 티피 집, 끝없이 펼쳐진 들판에서 느긋이 풀을 뜯어먹고 있는 평화로운 양들, 그리고 서부 영화에서나 볼 수 있었던 기둥같이 서 있는 선인장들 등 나는 생전 처음 보는 진풍경들을 구경하느라고 바쁘다.

마침내 피닉스시에 도착했을 때는 오렌지 나무들이 도로 중앙에 쭉 줄지어 있었는데 나무들마다 주홍빛 오렌지들이 주렁주렁 달려 있고 만발하게 핀 종려나무, 캑터스 등 참으로 아름답고 신비스러웠다.

정해진 숙소에 자리를 잡고 3박 4일 동안 열렸던 집회에 참석해 내가 보고 느끼고 배운 것은 모든 숙녀들이 하나님의 사랑 안에서 한마음이 되어 성령으로 충만해 있었고 빛나는 얼굴에는 성스러운 모습들을 담고 있어서 천국이 하늘에 있는 것이 아니라, 바로 지금 이곳이 아닌가 싶었다

남편에게 줄 선물로 '영어 성경 책'과 나를 위해서는 '십자가 목걸이와 찬양 레코드판'을 사고 감명 깊은 시간들을 보내며 다시 산타페이시로 다시 돌아왔을 때 나는 하나님을 향한 사랑이 마음속에 뜨겁게 불이 붙어서 매일 성경을 읽거나 설교 테이프를 듣고 기도하는 시간으로 보내고 있었던 어느 날, 매월 둘째 주 화요일이면 모이는 기독교 여성회에서 피닉스시에 갔다 온 모든 사람들이 보고, 듣고, 은혜를 받은 것들을 아름답게 간증의 시를 써서 강단 위에서 낭송하기로 결정이 됐다는 것이다.

그러면서 사라 너도 갔다 왔으니 준비를 하고 있으란다.

마리가 그 말을 나한테 전했을 때 나는 어이가 없고 기가 막혔다.

아니, 150명도 넘는 하나님을 믿는 여성들 앞에서 영어도 제대로 못 하는 내가 더구나 시를 써서 읊으라고?

'세상에, 맙소사!'

아무리 생각을 하고 또 해도 이건 아니다.

전혀 자신이 없어서 'No!'라고 딱 잘라 정색을 하니 시누 말이 자기가 대신 시를 써 줄 테니 외웠다가 강단 위에서 낭독을 하란다.

나는 절대로 못한다고 말했지만, 꼭 해야만 된다고 강력하게 나왔다.

드디어 모임의 날이 다가왔다. 내 이름이 스케줄에 들어 있으니 설사 군중들이 못 알아듣더라도 자기가 써준 시를 꼭 읽어야 한다고 신신당부를 하면서 만일 내가 하지 않으면 자기가 부끄럽다고 말한다.

그녀는 예수를 안 믿는 쌍둥이 마라까지 초대해 놓고 혹시 언니가 하나님을 만나는 기적이 일어나기를 원하며 나보다도 더 긴장된 모습이다.

어떻든 모임은 시작되었고 간증의 시를 낭송하는 순서가 되었다.

한 사람씩 자기가 보고 느낀 점을 아름다운 시로 써서 노래하듯 읊고 내려왔다.

드디어 내 차례가 되어 강단에 올라서니 150명이 넘는 점잖은 미국 여성들이 저 조그마한 동양 여자가 무슨 말을 하려나 잔뜩 호기심으로 모두들 집중해서 나를 쳐다보고 있는데 나는 너무나 긴장해서 진땀이 나고 다리가 바르르 떨려서 손에 힘을 꽉 쥐고 숨을 길게 들이마시고 똑바로 섰다.

사실 본의 아니게 서기는 섰지만 이왕 도마 위에 올려진 고기인데 발음이 엉터리인 영어로, 더구나 남이 써준 어려운 시를 어설프게 읽기보다는 차라리 내 마음을 털어놓고 싶은 생각이 들어 자연스럽게 이야기를 털어놓기 시작했다.

'친애하는 숙녀 여러분!

저는 미국에 온 지 이제 겨우 일 년이 조금 넘었기 때문에 아직도 영어를 잘하지 못합니다.

그래서 간증의 영시를 읊기는커녕 지금 제가 말하는 영어마저 과연 여러분들이 알아들을 수가 있을까가 걱정입니다.'

라고 말하니

"핫 핫 핫 핫 핫! 호호호! 후후후! 와!!!"

모두들 한꺼번에 폭소를 터트리며 배꼽을 잡고 웃느라고 왁자지껄하다. (나는 진실을 말했을 뿐인데 그녀들에게는 재미있었나 보다.)

홀 분위기가 갑자기 웃음바다로 변하고 나니 나는 긴장이 좀 풀려서 용기가 생겨 조용해질 때까지 잠시 기다렸다가 다시 입을 열었다.

'제가 전국 기독교 여성회에 참석하려고 피닉스시로 가는 도중에 처음으로 본 것들이 많았었는데, 그중에서 첫째는 인디언들이 살았었다는 삼각형의 티피 집이었고 둘째는 넓은 초원에서 평화롭게 풀을 뜯어먹고 있는 순진한 양들 셋째는 기둥같이 서 있는 캑터스(선인장), 그리고 오렌지 나무들이었습니다. 제가 자라온 한국에서는 이런 것들을 볼 수가 없기 때문에 제 눈에는 참으로 신기했지요.

그건 그렇고 숙녀 여러분!

한 가지 비밀 말씀을 드리겠는데 저는 피닉스 이곳에서 내 생전 처음으로 이 십자가를 산 것입니다.(내 목에 걸린 십자가를 들어 보이면서) 다시 말하자면, 예수 그리스도를 주님으로 내 가슴속에 모셔 드린 것이지요.

저는 이제부터 예수님과 함께 살 것이며 하나님의 자녀가 된 것을 영광으로 생각합니다. 감사합니다.'

이렇게 간단히, 그러나 진심으로 간증을 하고 강단에서 내려오는데 그 큰 홀 안이 갑자기 물을 끼얹은 듯 쥐 죽은 듯 조용하다.

긴장되었던 모임이 끝나고 집으로 돌아오니 마리가 나를 꼭 껴안으면서

"사라, 참으로 훌륭해, 어쩌면 그렇게 말을 잘했는지."

자랑스럽다는 표정으로 칭찬을 해 주었다.

나는 독일에 가기 전 무엇인가를 크리스천 부인 회원들에게 남기고 싶은 마음이 생겼다. 그런데 돈이 없어서 좋은 것은 못 사겠고 하여 쇼핑센터에 가서 빨간색, 흰색의 레이스 실과 코바늘을 사다가 성경 책에 끼울 수 있는 십자가를 뜨기 시작했다.

클럽에 나오시는 모든 분들에게 하나씩 줄 수 있는 사랑의 기념으로 150개를 계획하고 부지런히 하나하나 짜 나갔다.

그러던 중 기다리고 있었던 독일행 서류가 드디어 도착했다.

이곳을 떠나야 할 비행기표 날짜는 1975년 6월 17일.

나는 그동안 열심히 짜 놓았던 십자가에 설탕풀을 먹여 다리미로 눌러 빳빳하게 한 다음 크리스천 부인회의 회장인 구엔 티에노를 만나서 그동안 배운 것도 많았고 사랑도 많이 받아 참으로 고맙고 감사해서 조그마한 선물을 전합니다라고 말하며, 정성스럽게 짠 150개의

십자가를 모든 회원들에게 하나씩 드리라고 내놓았다. 그러자 그녀는 기쁨의 눈물을 글썽이면서

"I love you, Sarah!"

하며 나를 끌어안고 목이 메어 울었다.

며칠이 지난 어느 날 아침, 마리가 나보고 어디 좀 가자고 했다.

나는 쇼핑을 가려나 보다 생각하고 집에서 편하게 입고 있던 옷차림 그대로 차에 올라타니 상점 쪽으로는 안 가고 시외로 자꾸만 달렸다.

도대체 어디로 쇼핑을 갑니까? 물으니 그저 따라오기만 하라는 것이다.

드디어 어느 큰 집에 도착해 차를 세웠는데 넓은 땅에 차들이 많다.

"마리, 이 집 마당에 많은 차들이 주차되어 있는데 혹시 누구 생일인가요?"

궁금해서 또 물으니 그녀는 입가에 빙그레 웃음을 띠우면서 "아니"라고 짧게 대답만 했다.

나는 무조건 마리의 뒤를 따라 뜰 안으로 들어섰다. 초인종을 누르자 문이 열려 거실로 들어서니 많은 여성들이 한꺼번에 목소리를 합쳐서

"서프라이즈, 사라!!~"

환성을 지른다.

나는 어리둥절해서 “누구의 생일인가요?” 물으니 모두들 웃으면서 “사라, 네 생일이야” 한다.

“내 생일은 11월인데 지금은 6월이 아닌가요?”

의아해하니 사실은 당신이 곧 독일로 떠나기 때문에 크리스천 부인회에서 당신을 위해 서프라이즈 파티를 열어 주는 것이란다.

그러면서 회장 구엔 티에노가 내 가슴에 꽃을 달아 주었는데 둘러보니 20명 정도의 여성들 중에 나의 시어머니도 와 계셨다.

일하는 시간이지만 사장한테 양해를 구해 특별히 참석을 했다는 것이다.

그리고 준비한 달콤한 케이크 위에는

“하나님의 축복이 사라에게 영원하기를”

라고 쓰여 있었고, 카드와 예쁘게 포장한 선물 상자도 내게 안겨주었다.

나는 깜짝 놀라게 하는 파티가 처음이었는지라 형용할 수 없는 감격으로 카드를 열어 보니 모두들 한 마디씩 쓰고 사인했는데

‘주 안에서 한 형제자매가 된 것을 축하합니다.’

‘사랑해요.’

그리고 성경 말씀 등등 귀한 사랑이 젖은 글들이 쓰여 있는 카드였다.

선물 상자를 열어 보니 노란색의 아름다운 잠옷이 들어 있었다.

하나님의 자녀가 되니 천사들이 나를 위하여 천국 잔치를 베풀어 주는구나. 하지만 내가 무엇이관데? 무슨 큰 인물이라고, 이렇게 아름다운 여성들이 귀한 시간을 내서 나를 위해 특별히 파티를 열어 주

는가 말이다.

나는 너무나 황공했는데 아무튼 내 추억 속에 잊지 못할 아름다운 기쁜 감격의 날이었다.

독일로 떠나기 이틀 전, 1975년 6월 15일

마지막 일요일 예배를 마친 후, 집으로 오려고 하는데 사돈 어르신인 쟌(짐의 형님)이 나에게 오더니 작별 인사로 저녁식사를 초대했다.

쟌의 식구 6명(쟌& 쉘 그리고 4자녀), 짐&마리 그리고 두 아들, 슬램과 베리(쟌&짐의 부모님), 나 모두 13명이 모였다.

행복하고 평화로운 주님을 모시는 가정에서 음식을 맛있게 먹은 후 가족들이 오손도손 모여 대화를 나누는 즐거운 시간이 됐는데 베리 씨가 나한테

"이것은 값비싼 물건은 아니지만 삶에 중요한 뜻이 담겨 있는 것이기 때문에 특별히 사라에게 주지."
하시며 선물 상자와 카드를 나에게 주었다.

풀어보니 향기로운 냄새가 나는 삼각형 모양의 초와 촛대가 들어있고 카드 속에는 이런 말이 적혀 있다.

"나는 세상의 빛이니 나를 따르는 자는 어둠에 다니지 아니하고 생명의 빛을 얻으리라." -요 8:12

준 것은 하나도 없는데 받기만 하는 나는 너무 고마워서 내 가슴

이 벅차올라 뜨거워졌다.

베리 씨와 마리는 내가 크리스천이 되는데 사닥다리 역할을 해 주었고 예수 그리스도의 사랑을 행함으로 보여준 사랑의 여인들이다.

그렇다. 나도 저 촛불처럼 이 세상에 빛이 되는 사람이 되자!라고 다짐하며 마음 깊이 새겼다.

나는 독일에 가기 전에 성령 충만하고 방언과 예언의 은사를 받은 베리 씨한테 기도를 받고 싶은 마음이 간절해서 저를 위해 기도를 해 주시겠습니까? 청하니 베리는 기쁘게 승낙을 하고는 내 머리 위에 손을 얹고 얼마 동안 나와 남편 폴를 위해 간절히 기도를 하던 그녀가 성령에 취해 방언이 터지면서 예언을 하기 시작했다.

" I will use this girl as she walk in the sprit
both holy and pure before me
and she is a chosen vessel and many soul will be saved
through her example as she let the light shine."
(네가 성령 안에서 거룩하고 정결할 때 사용할 것인데
너는 나의 택한 그릇이니라.
네 간증으로 말미암아 많은 영혼들이 구원을 받을 것이니
불을 밝혀라!)

나는 하나님의 놀랍고도 크신 은혜에 온몸에 전기가 온 듯했고 주위에 있던 식구들도 감격하여 기쁨의 눈물로 뒤엉켜 울고 있었는데

성령으로 가득한 사랑의 눈물방울들이었다.

마리네 집으로 돌아온 나는 성령에 취해서인지 아니면 남편이 있는 독일로 간다는 들뜬 마음 때문이었는지는 모르지만 잠이 안 와서 아무튼 이틀 밤을 새웠다.

1975년 6월 17일

꼬박 이틀을 뜬 눈으로 밤을 새운 나는 가방을 챙기고 새벽부터 화장을 하고 옷을 갈아입었다.

시어머니와 마리가 알바커키 비행장까지 배웅을 나와 주었는데 헤어지는 순간에는 마리도 울고, 나도 울고.

거의 7개월 동안 그녀의 집에 같이 살면서 너무나 많은 변화를 받은 나.

첫째 내가 어디서 와서 어디로 가는지의 진리를 깨닫고 나니 이제부터는 쓸데없이 철학에 빠져서 인생무상이나 허무함을 씹지 않아도 되었고

둘째 지옥으로 떨어질 뻔했던 내 영혼이 예수님 때문에 천국으로 갈 수가 있게 되어 죽음에 대한 두려움이 없어져 버렸으니 마리는 내게 백만 불을 준 것보다 더 귀한 내 영혼을 천국으로 갈 수 있도록 도와준 결코 잊지 못할 여인이다.

주님 감사, 감사, 정말로 참 감사합니다.

제2부

독일로 향하여

남편의 취미

필립 탄생

돌밭에 떨어진 폴의 구원

한국 방문

아버지 산소

다시 미국으로

환상? 꿈?

이혼

친구들

너희 생명이 무엇이뇨

오클라호마주 툴사시로 이사를 가다

글을 써라

죽으면 죽으리라

여의도 순복음교회의 오산리기도원에 강사로 초빙을 받다

그리 아니하실지라도

다니엘

삶의 목적이 무엇이냐고 묻는다면

사라의 기도

예수님의 향기

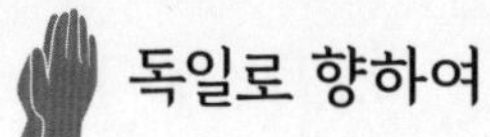

독일로 향하여

비행장을 떠나 뉴욕에서 독일로 가는 비행기를 갈아타는 내 가슴은 감격에 젖지 않을 수가 없었다.

나는 조그마한 한국 땅에서 태어나 시집을 가서 아들, 딸 낳고 평범하게 살다가 낙엽 떨어지면 썩어 버리듯이 내 육체도 늙으면 죽어서 썩어 버리는 인생은 나그넷길 허무한 끝이라고 생각하고 있었는데 뜻하지 않게 미국 사람과 결혼 2년이라는 짧은 기간에 아시아에서 미국으로 미국에서 유럽으로 훨- 훨- 날아다니니 내가 마치 유명한 국제 연예인이라도 된 기분이다.

1975년 6월 20일 6시 30분 안개 낀 새벽, 독일 프랑크푸르트(FrankFurt) 공항에 도착하니 사랑하는 남편을 만난다는 기쁨과 흥분으로 들떠 있었다.

6개월 이상 못 본 폴, 보고 싶었던 얼굴을 대하니 반가웠고 그이의 근무지인 해나우시로 차를 달리면서 우리는 행복했다.

미국 군인 가족을 위한 아파트가 빌 때까지 임시 독일인 집에 세를 얻어 놓고 있었는데 문을 열고 들어서니 제일 먼저 눈에 띈 것은 한국에서 보내준 소포, 뜯어보나 마나 부탁한 성경 책이었는데 너무나 반가워서 두 손으로 얼른 집어 내 가슴에 꼭 끌어안았다.

나는 기뻐서 여보, 나 크리스천이 되었지요. 말하니

"그래." 아무런 흥미도 없다는 듯이 한쪽 귀로 듣고 한쪽 귀로 흘러 보내며 아내가 왔다는 것만이 좋아서 콧노래를 부른다.

아무튼 나는 남편을 다시 만난 기쁨과 사랑, 더구나 이제는 크리스천이 되어 새 사람으로 변화되고 나니 행복했다.

이튿날 그이가 부대에 출근을 한 후 나는 옷 정리, 청소, 저녁 준비 등을 부지런히 해놓고 따뜻한 햇볕이 쪼이는 소파에 앉아서 창세기를 펼쳤다.

마리네 집에 있었을 때 신약은 많이 읽었지만 구약은 전도서 외엔 한 번도 읽지를 않았기 때문에 도대체 구약에는 무슨 이야기가 적혀 있는가가 궁금하고 호기심이나 정신을 바짝 차리고 읽어 내려가기 시작했는데 한 달 만에 드디어 완전히 끝을 마쳤다.

와!

구약을 다 읽고 나니 감격을 하지 않을 수가 없었는데 학교에서 배운 원숭이가 사람으로 변했을 거라는 진화론이 얼마나 어리석고 바보스러운 생각이었던지 인간의 지식이란 한계가 있음을 깨닫게 해 주었다.

남편의 취미

독일에 온 후, 폴은 아내를 사랑하는 마음에서인지 집에도 일찍 들어오고 나를 기쁘게 해 주려고 노력하는 것 같았다.

그러나 그것도 잠시, 쓸데없는 일로 바빠하고 초조해 하기 시작하더니 다시 바에 나가기 시작했다. 나는 혼자 보내기는 좀 불안했고 또 아내로서 남편의 비유도 맞춰주어야겠다는 생각이 들어 어쩌다 그이와 동행해 술 대신 콜라를 마시며 꽝! 꽝! 울려대는 음악에 맞춰 춤을 추었으나 예수가 가슴속에 들어 있는 나는 얼마나 어색하고 멋쩍은지 온몸이 돌기둥같이 굳어버렸다.

폴은 빨갛게 술에 취한 얼굴로 허허대며 쓸데없이 농담이나 하고 건강에 좋지 않은 줄 담배를 피워 대는 것이 속상하고 골이 아픈데 내 속을 모르는 폴은 "사라 재미있지?" 말하며 꿈꾸는 표정이어서 기분을 맞춰주기 위해 억지로 고개를 끄덕이는 내 마음은 착잡하고 심각하다.

물론 나는 폴이 바에 가서 당구 치고, 술 마시고 춤을 추는 것이 무조건 나쁘다고는 생각하지 않는다. 하나님을 믿지 않는 그가 어쩌다 그런 세계에 가서 스트레스를 푸는 것이 필요할지도 모른다고 이해했다.

그러나 내가 알아낸 것은 불안한 가정에서 자라온 폴은 이미 알코올 중독자가 되어버려 시도 때도 없이 매일매일 하루도 빠짐없이 파티 생활만을 하고 싶어 하는 것이 문제였다.

주말이 되면 미혼 군인 친구들이 우리 집에 출근하듯 찾아와서 할 수 없이 식사를 차려주면 미안한 기색도 없이 공짜로 맛있게 먹고는 그이와 수군수군하다가 잠깐 나갔다 온다고 하고 같이 바에 가서 술 마시고, 당구치고 실컷 놀다가 밤늦게 집에 들어와서 잠에 빠져 버린다.

나는 매일 쫓아가는 것도 원하지 않지만 설사 가려해도 방해가 된다는 싫은 표정이다.

아무튼 바에 나가 술 마시고, 춤추고 당구 치고, 카드놀이하고 싶은 그의 줄기찬 마음을 누가 막을 수 있으리오!

정춘시에서 맹세한 그 서약은 벌써 어디로 다 연기같이 살아져 버렸는지?

이미 술 중독에 빠져 버린 그는 자기 자신도 절제하기가 몹시 힘이 든지 아예 본인이 직접 술집을 차려 놓으면 딱 어울릴 폼이다.

옛날의 그 불안이라는 검은 그림자가 또다시 나에게 슬금슬금 밀려왔지만 그러나 이제는 팔짱만 끼고 쳐다만 보고 있을 수가 없어서 크리스천인 나는 하나님 앞에 엎드려 남편의 영혼을 구원해 달라고 아침저녁으로 간절히 기도를 했다.

그럴 즈음 군인 아파트에 빈방이 나와서 우리는 부대 앞으로 이사를 왔고 나는 군인 가족을 위한 미국인 중·고등학교 식당에 취직을 해 일을 시작했다.

남편의 알코올 중독은 이미 그의 삶의 한 부분이 되어서 빙글빙글

도는 삶을 이어 가고 있었고, 나는 하나님을 믿긴 하지만 초신자라 모르는 것이 더 많아 믿음이 부족해서 시험이 오면 쓰러졌다 일어섰다를 반복하며 힘든 생활을 계속하다 보니 불안하고 초조해 신경과민이 생겨 밥맛이 떨어졌는데 거기다 피임약만 먹으면 속이 울렁거리고 메슥거려 복통, 두통이 심해져 폴한테 괴로움을 털어놓으니 그럼 피임약을 먹지 말란다.

'당신은 아기를 원하지 않는데 피임약을 끊었다가 만일 임신을 하면 어떡하느냐?' 물으니

"임신을 하라면 하라지." 스스럼없이 대답을 한다.

사실은 나 역시 임신을 원하지 않았지만 내 육체가 너무나 괴로운지라 피임약을 중단하고 얼마 동안 지나고 나니 차츰 메스꺼림이 그쳐 속이 편해졌고 머리도 안 아프며 다시 정상으로 돌아왔다.

그러나 석 달 후, 날짜가 훨씬 지났는데 월경이 멈췄다.

'아차차! 임신인가 보다.'

하는 직감이 들어 정신이 아찔해 그이한테 말하니 병원에 가서 검사를 해 보잔다.

이튿날 같이 병원에 가서 결과가 나올 때까지 나는 휴게실 소파에 앉아서 기다리고 있는데 얼마 후에 폴이 싱글벙글 함박웃음을 띠고 내 옆으로 다가오더니 저 뚱뚱한 간호원이 당신 임신을 했다고 말하더라며 기뻐했다.

남편이 좋아하니 다행이긴 했지만 나에게는 별로 반가운 소식이 아니다.

임신 7개월째 다니던 직장을 그만두고 새로 태어날 아기를 위해 침대, 옷, 기저귀 등을 준비하면서 남편의 뒷바라지만 하는데 내 배는 풍선같이 점점 불어나고 폴은 세상만사 근심 걱정 하나도 없이 육체가 원하는 데로 신나게 돌아다니다가 잠이나 자러 들어왔다.

나는 그의 질서 없는 생활을 보고 있기가 굉장히 힘이 들었지만 이제는 정말로 도마 위에 올려진 고기, 어처구니없는 내 신세가 기가 막혀서 하루는 잘 아는 친구한테 내 괴로움을 털어놓으니 그녀는 내 사정을 들은 후 말하기를 폴의 사령관을 찾아가서 한번 의논을 해 보란다.

그분은 기독교인인지라 내 문제를 도와줄지도 모른다는 것이다.

나는 펄쩍 뛰었다. 남편의 얼굴에 먹칠을 하는 것도 분수가 있지 내 남편이 매일 바에 가서 술이나 마시고 잠이나 자러 들어오니 도와달라고 우리 사생활 문제를 어떻게 말을 한다는 말인가!

나는 얼굴이 빨개져 기분이 몹시 나빠져 나는 그렇게 주책을 부리는 푼수 없는 여자가 아니다라고 대답하니 그럼 네 마음대로 하란다.

어느 날 나는 병이 나고 말았다. 머리는 화끈화끈 뜨겁고 목은 꽉 잠겨 개미 소리만큼도 할 수가 없었는데 폴은 습관대로 술에 취해서 밤늦게 들어와서 잠이나 자고 새벽에 일어나 부대에 가니 마누라가 정상인지 아픈지도 모른다.

일이 터진 것은 삼일 후, 잠겼던 목이 조금은 풀어져 말을 할 수 있게 되었을 때다. 그날 밤도 여전히 술에 취해서 비틀비틀 걸어 들어서는 그이의 모습을 보자 나는 그동안 참고 참아 왔던 분노를 더 이상 참을 수가 없어 터트려 버렸는데 그를 향해 베개로부터 시작해서 손에 잡히는 데로 집어던지는 즉 내 몸부림의 전쟁이 시작된 것이다.

하지만 기운이 센 그는 내 손을 꽉 잡고 한 대 때린다.

술 취한 사람하고 싸워 보았자 나만 손해인 것 같아 뛰어나오니 밖에는 비까지 부슬부슬 처량하게 내리는 어둡고 캄캄한 밤, 내 배는 남산만 한데 맨발에, 비참하기가 이루 말할 수 없어 참으로 지금 당장 어디론가 연기처럼 싹 살아져 버렸으면 딱 좋을 것 같다.

주르르 흐르는 눈물은 부슬비와 합쳐서 소낙비같이 떨어지고 한밤중에 막상 집을 나와 버리니 '맨발의 만삭 비극의 주인공'은 이 낯설은 독일 땅에서 아무 데도 갈대가 없어 무작정 처량하게 걷고 있는데 부대 정문의 불빛이 보인다.

부슬비가 부슬부슬 조용히 내리는 삭막하고 으슥하기까지 한 캄캄한 오밤중에 배가 남산만 한 동양 여자가 더군다나 맨발에다 우산도 없이 비를 맞으며 소리 없이 쑥 정문에 들어서니 나를 본 헌병은 마치 유령이라도 만난 듯 깜짝 놀라 뒤로 물러서며 두 눈을 크게 뜨고

"무슨 일입니까? 어떻게 도와드릴까요, 병원에 가야 합니까?"

다급하게 묻는다. 나는 대답도 못하고 눈물만 떨구고 있으니 무조건 부대 병원으로 데리고 간다.

나는 흥분되었던 마음을 가다듬고 가까스로 입을 열었다.

사실은 남편이 술에 취해 들어와서 싸우다가 집을 나오긴 했지만

이 밤중에 아무 데도 갈 데가 없어 헤매다가 불빛을 따라서 그냥 왔다고 하니 친절한 헌병 대위는 내 이야기를 진심으로 다 듣더니 자기가 어떻게 도와주었으면 좋겠느냐고 물었다.

그런데 하필이면 그 순간 친구가 나한테 한 말이 문득 떠오를 것이 뭐람. 폴의 사령관을 만나서 한번 이야기를 하고 싶다고 하니 그는 잘 알겠다고 하며 날이 새면 사령관한테 전화를 해서 약속 시간을 만들어 보겠다고 대답을 했다.

그때 내 체면과 자존심은 진창으로 구겨지고 서러움만이 가득 차 지쳐 있었는데 아침이 되자 정말로 내 사정을 이야기해 약속을 해 놓고 부하를 시켜 사령관실까지 데려다주었다.

정작 여기까지 오니 꿈속에서 깨어난 듯 정신이 번쩍 나 주책없는 무식한 여자 같아서 창피하고 나 자신이 싫어(치욕의 날) 크게 후회가 됐지만 이미 엎질러진 물, 이제 와서 취소도 할 수 없는 상황인지라 나는 속이 상해 당황하다가 마음을 억지로 진정시키고 침착하게 입을 열었다.

저는 임신 8개월째인데 남편은 매일 술에 취해서 밤늦게 잠이나 자러 들어오며 내가 삼일 동안 아파서 열이 나고 말 한마디도 못하는 벙어리가 되었어도 아내가 아픈지. 살았는지, 죽었는지도 모르고 술만 마시기에 정신이 없으니 임신한 몸으로 이러지도 저러지도 못하는 가운데 어떻게 해야 좋을지 몰라서 고민을 하고 있습니다.

조용히 내 이야기를 듣고 있던 사령관은 미국에 있는 시어머니한테 잠시 가 있으면 어떻겠느냐고 묻는다.

나는 한숨을 내쉬고 사령관을 쳐다보며, 시어머니는 내 남편보다도 한술 더 뜨는 알코올 중독자인데 어떻게 그곳에 갈 수가 있느냐고 말하니 사령관도 기가 막히는지 잠시 동안 침묵을 지키고 있다가

"부인, 당신의 사정을 이해하겠어요. 남편이 술을 많이 마시고 부인의 마음을 아프게 하지만 부대 일은 잘해 나가기 때문에 칭찬을 받지요. 아무튼 내가 직접 폴을 만나 볼 테니까 집에 가서 쉬기를 바랍니다."

정중하게 대하며 부하를 시켜 나를 지프차에 태워 친절하게 집까지 데려다주었다.

나는 들어오자마자 침대에 쓰러졌다.

배는 남산만 한데 밤새도록 잠도 못 자고 스트레스에 쌓여 지쳐 있었는데 그것은 둘째로 치고, 이제 내 인생은 뒤엉켜져 모든 것이 캄캄하게 보였고 남편 망신은 물론이요 내 망신까지 합쳐 놓았으니 남은 것은 폴이 집에 들어오면 화가 잔뜩 나서 이혼을 하자고 덤벼들 터인데 이혼이 무서운 것이 아니라 임신한 이 몸뚱이를 어떻게 처리하느냐가 문제라서 숨을 쉬는 것조차 저주스러웠다.

하나님, 제발 제 목숨을 지금 당장 걷어가 주세요. 네? 부탁입니다.

독일에 오기 전까지는, 폴이 나를 사랑하고 있으니 잘 구슬려서 크리스천으로 만들어야지 하는 희망으로 가득 차 있었는데 그이의 구

원은커녕 오히려 임신한 이 몸뚱이를 감당하지 못해 절망하고 있는 나 자신을 비참하게 바라보고 있노라니 마음 깊은 곳에서

"네가 잘라서 남편을 구원시키려고 했단 말이냐?"

내가 교만했다는 생각이 들었다.

'주여. 저는 지렁이같이 보잘것없는 피조물입니다. 제가 무엇이기에 폴을 구원시키려 했단 말입니까 교만했던 저를 용서해 주시고 주께서 도와주소서.'

기도를 하면서 성경 욥기를 펼쳤으나 말씀이 하나도 머릿속에 들어오지 않고 저녁에 폴이 집에 와서 무식하게 사령관을 만나 망신시켜 놓았다고 펄펄 뛰며 이제 끝장이니 이혼을 하자고 하면 내 운명은 어떻게 되는 걸까? 하는 불안한 마음만이 태산같이 쌓여 그 스트레스로 머리가 쪼개질 것 같이 아파서 괴로워하고 있는데 갑자기 '달그락' 문을 따는 소리가 들렸다.

그 순간 심장이 '딱!' 멈춰 버리는 거 같았는데 점심시간도 아닌데 왜 벌써 그이가 집에 온 단 말인가?

나는 죽은 송장같이 눈을 딱 감고 침대에 누워 숨도 제대로 못 쉬고 운명의 날을 기다렸다. 이혼이 무서운 것이 아니라 임신한 내 몸뚱이를 어떻게 처리하느냐에 기가 막혔기 때문이다.

문이 열리고 닫히는 소리가 나며 드디어 낭하로 들어오는 군화의 구둣발 소리와 함께 천만 뜻밖에도 그이의 소리가 내 귀에 들려왔다.

'도대체 어찌 된 일인가? 내가 오늘 아침에 사령관을 만나고 왔다는 것을 아직도 모르고 있단 말인가?'

알쏭달쏭해 있는데 침대로 저벅저벅 걸어 들어와서 송장같이 누워 있는 내 머리맡에 걸터앉더니

“여보 미안해요. 당신을 사랑하면서도 왜 내가 매일 술을 마시며 당신 속을 상하게 하였는지 도대체 나도 나 자신을 모르겠으니 어쩌면 좋소. 제발 나를 용서해 줘요.”

눈물을 흘리면서 괴로워했다.

뜻밖에 폴이 진정으로 우는 얼굴을 보니 나도 놀래서 눈물이 볼로 입으로 마구 떨어진다.

‘부부 싸움은 칼로 물 베기라더니’

그러나 이제는 말도 하기 싫도록 심신이 지쳐있었다.

오늘 사령관을 찾아가서 당신 체면 망쳐놔서 미안하다고 굳은 표정으로 사과를 하니 오히려 걱정하지 말라고 위로를 했다.

그러면서 자기가 무엇이 잘못되었는지 잘 모르겠으니 지금 우리 같이 싸이 칼리지한테 가서 상담을 해보는 것이 어떻겠느냐고 물었다.

나는 울어서 퉁퉁 부은 눈과, 남산같이 솟아오른 배불뚝이 더구나 밤 세도록 쌓인 정신적, 육체적 피로가 한꺼번에 쌓여 꼼짝 달싹도 하기 싫어서 꼭 심리학 박사한테 가서 카운슬링을 받아야 합니까? 당신이 좀 정신을 차려 술을 덜 마시고 또 나를 집이나 지키는 강아지 마냥 항상 혼자 내 버려두지 말고 좀 일찍 들어와서 다른 집 가족처럼 아내 하고도 시간을 보내고 술도 집에서 마시면 되지 않겠느냐 말하니 그도 그럴 것 같다고 고개를 끄덕이며 수긍한다.

나는 폴의 마음이 어떻게 갑자기 이렇게 변했는지가 궁금해서 이

야기를 좀 해 보라고 하니 입을 열었다.

전화로 폴을 부르기에 사령관 실로 가니 한쪽 의자를 가리키며 앉으라고 하더란다. 의자에 앉으니 점잖은 목소리로

"자네 부인이 오늘 아침에 나를 찾아왔었는데 왜 그랬어야만 했는지 알겠는가? 시도 때도 없이 어디로 가고 밤 몇 시에 집에 들어가며 도대체 매일매일 무엇을 위해 사는가? 거기 앉아서 곰곰이 자기 자신을 돌아보며 앞날의 삶을 위하여 계획을 해봐."

라고 짧게 말하고는 훌쩍 나가 버렸단다.

그리고는 서너 시간 후에 다시 들어와서는

"그래 그동안 깊이 생각해 보았는가? 그렇다면 이제 집에 가서 당신 부인과 시간을 같이 보내."

라고 말씀하시더란다.

얼마나 현명하고 멋있는 크리스천 사령관이신가!

부하의 자존심을 하나도 건드리지 않고 또 사생활에도 참여하지 않고 한 마디 충고도 하지 않으며 조용히 서너 시간 명상의 시간을 만들어준 상관의 지혜로움에 나는 감탄하며 존경하지 않을 수 없었다.

폴이 사령관 실에 혼자 앉아 곰곰이 생각을 해 보니 실제로 자기 자신만을 위하여 지나친 행동에 잘못이 있었음을 깨닫고 아내에게 미안함과 불쌍한 생각이 들었다는 것이다.

당당했던 그가 눈물을 흘리면서 사과를 하는 데는 죽이고 싶도록

밉던 마음이 또다시 눈과 같이 녹아 버리는 것은 웬 말인가!

신이시여, 인연이란 무엇입니까?

또 사랑이란 무엇입니까?

우리는 오래간만에 긴 대화를 나누었고 폴은 생전 처음으로 요리책을 펴 놓고 저녁을 해 준다고 수선을 피웠다.

그 후부터 폴은 일찍 집에 들어오고 술도 되도록이면 집에서 마시며 가정에서 시간을 보내려고 애쓰는데 술맛이 제대로 안 나는지 아니면 습관이 안 돼서 인지 꽤나 힘들어하며 항상 엉덩이가 들썩들썩했다.

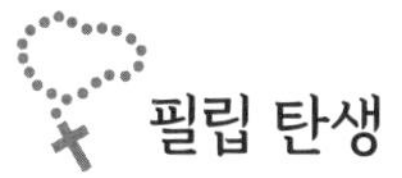

필립 탄생

1976년 9월 13일. 아들 필립이를 낳고 이 아기로 말미암아 집안에 기쁨이 돌았으며 미국에 사는 시어머니한테 손자를 낳았다고 전하니 휴가를 내서 필립이를 보러 독일에 방문을 하신단다. 드디어 시어머니와 초등학교에 다니는 막내 시누 캔디와 같이 왔다.

모두들 귀엽고 잘생긴 필립이를 안아주며 기뻐서 좋아했는데 심각한 문제가 다시 생겼으니 알코올중독자 시어머니와 역시 알코올중독자 아들인 내 남편과 합쳐서 둘이서 찰싹 어울려 단 하루도 빼놓지 않고 매일매일 술을 퍼마셔대는 것이다.

둘이서 어찌나 마셔대는지 단 하루에 독일 진빙맥주 한 박스(24캔)와 위스키 한 병쯤은 쉽게 없어져 버렸다.

시어머니는 아침 늦게 일어나자마자 냉장고 문을 열고 맥주부터 꺼내 마시기 시작하고 폴은 퇴근하고 집에 돌아오면 그때부터 둘이서 합석을 해 같이 술을 마시면서 지나간 옛날이야기를 하면서 말다툼도 하고, 웃기도 하고, 주정도 하며, 쉬지도 않고 마시다가 만취가 돼서야 쓰러져 잠을 잤는데 어쩌면 날이면 날마다, 밤이면 밤마다, 단, 단 하루도 빠지지 않고 똑같이 호흡이 맞아 계속 마셔댄단 말인가!

붕어는 물을 마셔야만 살듯이 그들은 술을 마셔야 살 수가 있는가보다.

둘이서 끝도 없이 마셔대는 술 냄새에 진저리가 나고 속에서는 화가 부글부글 끓어 오르며 심상이 편치 않았지만 그래도 손자를 보러 휴가까지 내서 미국에서 독일까지 온 시어머니를 푸대접할 수가 없어서 꾹 참고 최선의 노력을 다하는데 안 나오는 웃음을 억지로 보이느라고 내 얼굴의 근육은 아프고 가슴이 답답하다.

앤은 손자 낳았다고 축하를 해 주려고 온 것이 아니라 자신의 기분 전환을 하러 온 것 같았고 그동안 술 마시려는 습관을 좀 자제하려고 애쓰던 아들에게 다시 알코올에 불을 붙여 놓았다.

모자는 짝이 맞아 허허대며 비틀대는 자기들의 모습이 부끄러운 줄 모르고 있었는데 '그 어머니에 그 아들'이라는 말과 같이 어머니라는 분이 저렇게 방황하며 비틀대는 생활을 해 왔으니 그 자식이 보고 배운 가정교육이 뻔할 뻔 자가 아닌가!

정신을 못 차리고 알코올 중독에 더 깊이 빠져 들어가고 있는 남편을 나는 팔짱만 끼고 그저 멍하니 바라만 보고 있어야 하니 참으로 한심하고 기가 막혔다.

큰 술 탱크에 빠져서 한 달 동안 다 마시고 나온 것 같은 잘생긴 앤의 얼굴은 항상 술기운으로 벌겋고 그 크고 아름다운 두 눈동자는 희미하며 몸을 가누지 못할 정도로 비틀대며 속이나 썩히던 시어머니가 휴가를 마치고 미국으로 돌아갔을 땐, 빙글빙글 돌 것 같던 내 머리가 좀 안정이 되어서 후~ 긴 한숨을 쉴 수가 있었다.

그러나 폴에게 끊임없이 마셔대는 술버릇이 다시 꼬리를 치고 일어섰으니 어머니가 아들에게 가르친 것은 '술 마시는 데 일등 선수' 뿐이구나!

나는 더 이상 놀라지 않았다. 아기를 돌보며 교회에 빠짐없이 나가 예배하며 십일조도 바치고 하나님 앞에 금식하며 기도할 뿐이다.

그러나 그이의 생활은 조금도 변화가 보이지 않았는데 참으로 하나님은 살아계시고 기적을 베푸신다는 것을 믿고 기도를 하고 있는데 내 남편은 언제나 구원을 해 주시려나!

그즈음 한국에서 최자실 목사님께서 독일에 부흥회를 오셨는데 마침 해나우시에도 이틀 동안 모실 수 있는 기회가 왔다.

나는 부흥회에 참석해 은혜를 받고 1977년 6월 8일 한인 열 명이 독일 호수에 나가 흰옷을 입고 김남수 목사님 아래 물세례를 받았는데

"자기들의 죄를 자복하고 요단강에서 그에게 세례를 받더니" -마태 3:6

"누구든지 그리스도 안에 있으면 새로운 피조물이라
이전 것은 지나갔으니 보라 새것이 되었도다." -고후 5:17

하나님의 자녀로 양자 되어 옛것은 죽고 다시 태어나는 뜻깊은 날.

나는 경건한 마음으로 참으로 내 죄를 주의 피로 깨끗이 씻고 하나님 앞에 더욱 순종하겠다는 다짐을 했는데 남편의 알코올 중독은 여전했으나 불같은 시험을 신앙으로 견뎌 내면서 독일에서 긴 3년 동안의 생활을 마치고 1978년 3월 다시 미국으로 돌아왔다.

돌밭에 떨어진 폴의 구원

폴이 전근된 곳은 조지아주, 오거스타시에 있는 훠고든 이라는 마을이었는데 그곳에 가기 전 한 달 동안 휴가가 있어 마리네 집에서 보내기로 결정되어 우리는 오래간만에 산타페이시로 갔다.

그때 진과 마리는 하나님을 더욱 열심히 믿는 신자로 변해 있어 내 고민을 그들에게 털어놓고 위로를 받을 수가 있었으며 진과 마리는 폴의 영혼 구원을 위하여 최대의 노력을 다했다.

주말이 되자 시어머니 앤인 딸네 집을 방문했는데 언제나 그렇듯이 손에 술병을 들고 아들 폴과 둘이서 굴뚝에서 연기 나듯 줄 담배를 피워 가면서 술을 마셔대기 시작했다.

나는 하나님을 믿는 마리네 집에 있으니 의지가 되어 마음이 좀 담대해졌나 보다. 참고 참아 왔던 인내를 더 이상 억제하지 못하고 마침내 이성을 잃어버리고 말았는데 어머니라는 분이 자식이 술을 많이 마시면 좀 자제하라고 충고는 못할망정 아들보다 더 비틀 거리며 술병과 세월을 보내고 있으니 참으로 올바른 정신을 가지고 있는 것인가요?

폭발을 해 버리고 말았다.

앤은 만만하기만 했던 한국 며느리가 천만 뜻밖에도 열을 내며 소리를 지르는 바람에 얼굴이 빨개져 당황해서 어쩔 줄을 몰라하고 폴은 화가 잔뜩 나서 문을 꽝! 닫고 나가버렸다.

마리는 알코올 중독자 엄마와 동생 편을 들 수도 없고 그렇다고 내 편도 들 수가 없어 양쪽 사이에 끼어 얼굴이 창백해져 불안해하며 왔다 갔다 했는데 사실 마리도 어머니의 술주정에 지쳐 있었다.

나는 세상만사가 다 귀찮고 앞날이 캄캄해서 방바닥에 쓰러져 (큰 소리를 내어 마음대로 울 수도 없는 형편 인지라) 베게로 입을 막고 동서남북으로 구르며 미치도록 몸부림을 쳤다.

이튿날은 짐이 일을 나갔다가 오전에 일찍 집에 들어와서 폴과 테이블에 앉아서 커피를 마시면서 한참 동안 대화를 나누는 것 같았다.

모든 진액이 다 빠져버린 듯한 나는 방 안에서 머리를 싸매고 꼼짝도 안 하고 누워 있는데 마리가 흥분하며

“사라! 빨리 거실로 나와 봐!”

목소리를 높여 다급하게 부른다. 나는 심심이 지쳐 있어 모든 것이 귀찮았지만 어쩔 수 없이 무거운 머리를 들고 억지로 거실로 나가니 짐도 울고, 마리도 울고, 폴까지 울고 있지 않는가!

나는 무슨 영문인지 몰라 그냥 서 있으니, 폴이 바로 조금 전에 하나님을 믿고 예수그리스도를 주로 영접해 구원을 받아 기뻐서 울고 있다고 설명을 했다.

짐의 설교, 즉 하나님의 진리의 말씀에 폴의 마음 문이 열렸던 것이다.

그날부터 폴은 성경 책을 읽기 시작했는데 나는 남편이 하나님을 믿게 되어 이제부터는 교회도 같이 갈 수가 있고 밥 먹기 전에 기도도 같이 할 수 있어서 다행이라고 생각이 들었지만 왠지 평안은 없었다.

어느덧 휴가는 끝나고 우리는 조지아주 훠고든 마을로 이사를 와 B.A로 집을 샀다. ½에이커(612평) 땅에 방이 3개, 거실, 화장실 2, 목욕실, 부엌이 있고 빨간색의 벽돌로 지어진 아담하고 예쁜 집이었는데 뒤뜰에는 나무가 많다.

나는 다시 희망이 생겼다. 이제는 남편이 하나님을 믿으려 애쓰고 있고 비록, 월부이긴 하지만 집도 장만했고 사랑스런 아들도 있으니 행복하고 평화스러운 크리스천 가정을 꿈꾸며 부인으로서 엄마로서 알뜰살뜰 절약하면서 열심히 살았다.

그러나 매달 집세, 자동차세, 보험금, 전기세, 물세, 가스비, 전화비, 아기 우유, 음식, 물세, 담뱃값, 술값 등 기본의 돈이 있어야 하는데 폴의 월급으로는 적자인 것이다.

내가 직장을 가져볼까도 생각해 보았지만 아기가 딸려 있어 베이비시터 값도 줘야 하고, 또 차도 사야 하니 차 값, 가스비, 보험금을 내고 나면 남는 것은 없고 오히려 고생은 고생대로 하고 또 아기는 아기대로 남의 손에 키워야 하니 내가 직장을 다니고 싶어도 다닐 수가 없는 형편이었으므로 그이가 저녁과 주말을 이용해 자동차 정비공으로 파티타임으로 일을 하기로 결정하고 폴은 아침부터 밤까지 일을 했다.

나는 폴이 편히 쉬지도 못하고 일만 하는 게 미안해서 신경을 건드리지 않으려고 알뜰살뜰 정성을 다해 살림을 꾸려 나가며 현모양처가 되려고 노력을 했는데 이곳은 버스가 없는 곳이라(내 차가 없으면 꼼짝도 할 수없이 아무 데도 갈 수가 없어서) 발이 묶여 있는 상태라 참으로 답답했지만 한 마디 불평불만도 안 하고 그이를 편안하고 기쁘게 해 주려는 데만 온갖 신경을 썼다.

그런데 꼭 일요일까지 나가서 돈을 벌어야만 살 수 있는 생활은 아니어서 주일은 하나님의 날이니 쉬라는 말은 들은 척도 안 하고 일하러 가겠다고 고집을 피웠다.

폴은 교회를 멀리하고 하나님이란 말을 하는 것조차 싫어하며 슬

금슬금 다시 세상으로 나가기 시작했는데 말인즉,

첫째로 교회를 가면 한 시간 이상씩 앉아서 예배를 드려야 하는데 줄담배를 피우는 그가 그 시간 동안 만은 담배를 피울 수가 없어서 갑갑해 죽을 것 같고 또 술을 마시려고 해도 죄의식이 들어 마음 놓고 마시지를 못하니 그런 하나님이 싫단다.

성경 책에 술을 마시지 말라거나 담배를 피우지 말라는 말은 없으니 술을 마시되 실수하지 않을 정도로 마시면 되고 또 우리 냉장고엔 항상 맥주가 가득 채워져 있어서 언제든지 마실 수가 있지 않느냐고 하니 아무튼 하나님을 믿고 나니 거북하고 거추장스러운 게 많다고 투덜대며 화를 냈다.

나중에 알고 보니 사실은 교회에 가기 싫으니까 일요일에도 일을 간다고 거짓말을 하고 술친구들과 어울리면서 자기 정욕대로 실컷 시간을 보내면서 다시 술 중독에 빠져들기 시작했다.

그리고 하나님을 믿는다고 조금은 자제해 왔던 술버릇이 다시 독사뱀같이 고개를 쳐들고 친구들과 함께 어울려서

"하나님이 있긴 어디 있어? 믿으려면 술이나 믿으라지. 하하하하하!"

소리를 지르며 시원하게 마음껏 진탕만탕 마시니 참으로 살맛을 다시 찾은 것 같이 보였다.

"더러운 귀신이 사람에게서 나갔을 때에

물 없는 곳으로 다니며 쉬기를 구하되 얻지 못하고

이에 가로되 내가 나온 내 집으로 돌아가리라 하고 와 보니
그 집이 비고 소재되고 수리 되었거늘 이에 가서
그 사람의 나중 형편이 전보다 더욱 심하게 되었느니라."
-마태 12:43-45

이 말씀대로 더 악한 일곱 귀신이 붙었는지 이제는 하나님을 믿는 아내를 못마땅해하면서 냉장고 안엔 맥주가 넘쳐 나건만 줄기차게 밖으로 떠돌기 시작했다.

나는 남편이 어디 가서 술을 마시며 또 무슨 짓을 하는지 전혀 알 수가 없었는데 버스도 다니지 않는데 내 차도 없고 더구나 아기까지 있으니 꼼짝을 할 수 없는 창살 없는 감옥살이다.

폴은 이 핑계 저 핑계 대면서 밖에서 살다가 밤이 되면 하숙집같이 잠이나 자러 들어왔으며 어쩌다 그이와 얼굴을 맞대는 시간을 이용해 웃어도 보고 아양도 떨고 달래도 보면서 온갖 노력을 다해 보았지만 아무 소용도 없을 뿐만 아니라 문제는 더욱 심각해져서 남편과의 대화는 거의 절단이 되어가고 있었다.

나는 하나님 앞에 금식하며 울부짖으면서 간절히 기도를 했지만 하나님께서는 귀도 막고 눈도 감고 계신지 아무런 응답이 없어 답답하고 괴롭기가 이루 말할 수 없는 어느 날 성경 책을 읽노라니

"예수께서 비유로 여러 가지를 저희에게 말씀하여 가라사대
씨를 뿌리는 자가 뿌리러 나가서 뿌릴 새

더러는 길가에 떨어지매 새들이 와서 먹어 버렸고
더러는 흙이 얇은 돌밭에 떨어지매 흙이 깊지 아니하므로
곧 싹이 나오나 해가 돋은 후에 타져서 뿌리가 없으므로 말랐고
더러는 가시떨기 위에 떨어지매 혹 백배 혹 육십 배 혹 삼십 배의
결실을 하였느니라
그런즉 씨 뿌리는 비유를 들으라
아무나 천국 말씀을 듣고 깨닫지 못할 때에는 악한 자가 와서
그 마음에 뿌리운 것을 빼앗나니 이는 곧 길가에 뿌리운 자요
돌밭에 뿌리웠다는 것은 말씀을 듣고 즉시 기쁨을 받되
그 속에 뿌리가 없어 잘 견디다가 말씀을 인하여
환난이나 핍박이 일어나는 때에는 곧 넘어지는 자요
가시떨기에 뿌리웠다는 것은 말씀을 들으나 세상의 염려와
제리의 유혹에 말씀이 막혀 결실치 못하는 자요
좋은 땅에 뿌리웠다는 것은 말씀을 듣고 깨닫는 자니 결실하여
혹 백 배 혹 육십 배 혹 삼십 배가 되느니라 하시더라"
- 마태 13:3-9, 18-23

나는 폴이 돌밭에 떨어진 구원이라는 생각이 들었는데 씨가 떨어지긴 했으나 말씀을 듣고 깨닫지 못할 때는 악한 자가 와서 그 마음에 뿌리 운 것을 빼앗아 간다고 했는데 말씀이 그의 돌 같은 마음에 떨어지고 보니 흙이 깊지 아니하므로 싹이 나긴 했지만 뿌리를 뻗지 못하고 말라비틀어져 죽어버렸던 것이다.

참으로 답답하고 안타까운 일이다.

소리라도 꽉 지르고 싶은 폭발물을 안고 스트레스 속에서 하루하루 살았지만 교회는 열심히 다녔는데 내 차가 없으니까 교회 동료들에게 부탁해 아기와 같이 가서 간절히 기도를 드렸는데 교회를 가면 부부들이 나란히 앉아서 예배를 드리는 모습들이 얼마나 보기가 좋던지 내가 세상에서 제일 부러운 게 있다면 부부가 다정하게 손을 잡고 교회에 나와서 예배를 드리는 모습이다.

그럴 즈음 한국에 계신 친정어머니의 꿈이 자주 꾸어지더니 어머니께서 나와 필립이가 보고 싶어서 울고 계시다는 언니의 편지를 받고는 얼마 동안 폴과 좀 떨어져 있는 것도 좋을 것 같다는 생각이 들어 한국에 나갈 준비를 했다.

한국 방문

1978년 9월

사랑스런 두 살 반 된 아기 필립이를 데리고 한국을 방문하는 내 마음은 가족들을 만난다는 기쁨으로 가득 찼으나 마음 깊숙한 곳에서는 점점 악화되어가는 남편과의 결혼생활에 불안과 걱정이 합쳐서 괴로웠다.

아무튼 별다를 준비도 없이 내 옷가지와 기저귀 가방만을 들고 비행기에 올라가는데 이제는 국제 비행기를 타는데도 익숙해서 별 두려움 없이 무한하게 펼쳐진 우주 공간을 날면서 창밖을 내다보고 있노라니 인생이란 참으로 피곤하고 괴로운 것이로구나 하는 허무한 공상에 빠져 끝도 없이 펼쳐져 있는 하늘을 날면서 저 아래 지구 덩이를 내려다보면서 명상에 잠겼다.

잠시 머물며 살고 있는 저 빌려보는 땅 위에서 바글바글 대며 살아가고 있는 버러지 같은 인간들.

얼마나 많은 사람들이 돈, 명예, 사랑 때문에 울고, 웃고, 죽이고, 싸우고, 시기하고, 질투하며 살고 있는가?

많이 가진 자나 적게 가진 자나 행복을 찾아서 끝없이 달려가지만 인생은 마치 정거장 같아서 내렸다 탔다 하며 희비애락을 누리다가 마침내는 종점인 아무도 동반해 주지 않는 죽음이라는 종말을 맞이하여 결국에는 하나도 움켜주지 못한 채 모두 땅에 남겨놓고 이 잘났

다는 교만한 육체는

“너는 흙이니 흙으로 돌아갈 지니라” -창 3:19

말씀대로 대통령도, 성인군자, 영화배우, 가수, 금메달을 딴 운동선수도 창녀, 거지, 강도, 백인, 흙인, 동양인 모두 죽으면 다 똑같이 줌의 흙으로 돌아가 버리는 먼지일 뿐 이 지구는 잠시 반짝이다 없어져 버리는 이슬과 같은 나그넷길.

나는 푸른 날개가 달린 비행기를 타고 무한히 펼쳐진 공간을 달리는 지구 밖에서 끝없는 상념에 잠겨 이 비행기가 제발 저 골치 아픈 지구 땅덩어리에 내리지 말고 막 바로 천국으로 올라가 버렸으면 하는 소원으로 가득 찼다.

주여, 두 손 모아 비 오니
저는 시기와 질투, 탐욕과 부정, 오해가 많은
저 어지러운 땅 위에 머물러 있기가 싫습니다.
많은 사람들이 세상이 좋아서 불로초를 찾아다니면서
오래오래 살려고 발버둥 치는데
저는 원치 아니하오니 하늘나라로 데려가 주옵소서
그러면 감사하겠습니다. 온갖 수단 방법을 다해
자기 정욕대로 방탕하게 사는 내 남편과 싸우는 것도 지쳤고
산다는 자체가 피곤합니다.

이제 어린 생명 필립을 주셨으니 내 짐은 더욱 무겁고 앞날이 암담한데
하나님 백 파운드도 안 되는 제 육체가 말할 수 없이
괴롭고 거추장스러우니
제발 이 지구 위에 다시 서지 않게 해 주소서 진심입니다.

나는 기도가 아닌 믿음 없는 푸념을 지껄이며 이 공상, 저 공상을 하고 있는데 어느덧 원치도 않은 지구 한 모퉁이에 다시 서게 되었다.

김포 공항엔 큰 언니와 어머니께서 애타게 기다리고 계시다가 나를 보더니 "아이구 이것아, 살아서 다시 보게 되었구나." 하신다.

지구 반쪽을 건너 너무 멀리 떨어져 있어서 다시는 막내딸을 보지 못할 줄로 알았는데 오 년 후에 다시 보게 되었으니 어머니는 너무 좋아서 기쁨의 눈물을 흘리셨다.

내 속에서도 뜨거운 사랑이 솟아올라 그리움이 합쳐서 눈물방울들이 뚝뚝 떨어지고 어머니는 어디 필립이를 안아보자고 하시며 잘도 생겼다고 기뻐하셨다.

필립이는 할머니 보고도 마미(엄마) 이모를 보고도 마미, 나 보고도 마미 여자는 모두 엄마라고 불러서 한바탕 웃음꽃을 피웠는 데 두 시간이나 걸리는 차 속에서 창문을 열고 놓고 한국의 냄새를 깊이 들이마시며 내 고향으로!

달리는 차 안에서 오빠네, 둘째 언니 식구들 다 잘 계시느냐고 안부를 물으니 오빠네는 잘 있다고 대답을 하시는데 둘째 언니네에 대

해선 대답을 피하면서 아무 말도 안 하신다.

언뜻 무슨 일이 생겼구나 하는 예감이 스쳐 다시 다그쳐 물으니 큰 언니가 길게 한숨을 쉬면서

"글쎄 이경 아빠가 바람을 피우는 바람에 지금 가정이 쑥대밭이 되어 시끄럽고 머리가 아파 불행하기가 이루 말할 수 없단다."

라고 속상해하시며 대답을 하셨다. 나는 너무나 놀래서

"뭐라고요? 형부가 바람을 피웠다고요?"

물으면서도 전혀 믿어지지가 않았다.

왜냐하면 형부만큼은 진실한 남편이 되어 줄 줄로 알았는데 믿는 도끼에 발등이 찍힌다는 말이 조금도 틀리지 않는구나!

나는 쇼크를 받아 진땀이 나고 손이 떨렸다.

바람을 피웠다는 형부가 미워서가 아니라

"마귀는 도적질 하고 죽이고 멸망시키는 것뿐이요" -요한 10:10

하나님을 모르고 사는 세상 사람들이 사탄에게 속아 넘어가 너무나 많은 가정들이 파괴되고 너무나 많은 비극들이 수도 없이 생기고 있는 것에 분노가 났기 때문이다.

'어떻게 하면 이 많은 사람들을 하나님을 믿도록 쉽게 도와줄 수가 있을까?'

나는 곰곰이 생각하고 명상하고 또 생각하고 명상했다.

"한국이 일본 밑에서 36년 동안이나 종노릇 하면서
갖은 핍박과 고난을 받으며 힘들게 살다가
1945년 8월 15일 해방을 했는데
지금부터 나는 영적인 마귀에 묶여 흙암에서
고통받고 사는 많은 사람들을
예수 이름으로
자유케 해 주는데 빛과 소금이 되는 영의 해방둥이가 되고자
하오니 저에게 지혜와 총명을 주시옵소서,
주여! 도와주소서.

오래간만에 그립고 그립던 친정집에 도착해 식구들의 따뜻한 사랑을 받으니 무엇보다도 더 귀한 것은 '사랑'이로구나 하는 생각이 들었다.

양로원에서 쓸쓸히 세상을 떠나는 미국 노인들이 많은데 부모님을 모시는 한국 풍속은 따뜻하고 아름답다.

나는 어머니를 모시고 계신 오빠네 집에 짐을 풀었다.

올케언니는 내가 미국에 간 후에 자녀를 낳았기 때문에 나는 아직까지 한 번도 보지 못한 세 조카들에게 미국에 사는 고모라고 소개를 받고 사랑스럽고 귀여운 어린 조카들과 즐거운 시간을 보냈다.

저녁때가 되자 퇴근을 하고 돌아온 둘째 언니, 형부, 그리고 삼 형제가 나를 보러 온다고 전화가 왔는데 형부가 바람을 피워서 언니 속을 무척이나 썩였다는 소식을 들어 알고 있었지만 나는 모르는 척하고 대문에 들어서는 형부를 보자마자 뛰어나가

"형부, 그동안 안녕하셨어요? 정말로 오래간만에 다시 만나서 반가워요, 여전히 건강해 보이시네요."

하며 진정으로 기쁘게 맞이했다.

형부는 얼굴이 빨개지면서 좀 멋 적어하더니

"이경 이모는(형부는 나를 한 번도 처제라고 불러 본 적이 없고 꼭 자기 딸 이름을 붙여서 불렀다) 조금도 변한 게 없군요. 한국말도 하나도 잊지 않고."

나는 형부가 바람을 피웠다는 사실이 믿어지지 않았고 오히려 옛날의 좋은 형부로만 생각이 나서 뜨거운 정이 솟아오르면서 집안이 한동안 기쁨으로 떠들썩했다.

내가 독일에서 살 때(1977년) 아버지는 돌아가셨고 그동안 조카들이 넷이나 더 생겼으니 식구들이 더 많아진 셈이다.

나는 되도록이면 긍정적이고 좋은 말만 하고 형부와 많은 대화를 나누었는데 주로 내가 어떻게 하나님을 믿게 되었는가의 간증이었으며 내가 어디서 와서 어디로 가는지의 진리를 깨닫고 난 후 나의 변화

된 삶과 그리고 마리와 진의 이야기를 하면서 은근히 전도를 했다.

그날 밤 내 방으로 들어가 내 남편과 형부를 위하여 간절히 기도하는 내 이마에서는 진땀이 흘러내렸다. 안타깝게 몸부림치는 이 작은 육체, 주님! 제 가슴이 아프고 쓰리게 쑤셔옵니다.

얼마 후 밤이나 낮이나 24시간 언니네(언니, 형부 직장 생활) 집에서 지내면서 밥 먹기 전에 기도도 같이 하고, 이경이한테 피아노 반주를 하라고 해서 조카들에게 무용도 가르치고 노래도 같이 하니 집안에 웃음꽃이 피고 화기가 돌기 시작했다.

필립이는 한국말을 모르는지라 사촌들이 하는 노래를 귀담아듣고 있다가 "반짝반짝, 삐뚤삐뚤" 하는 가사만 따라 해 모두들 배꼽을 잡고 웃었고

또한 미국에서는 집에 신을 신은 채 들어가도 괜찮은 구조로 되어 있기 때문에 필립이는 밖에서 놀다가 온돌방에 들어올 때도 버릇대로 신을 신은 채 들어오기 때문에 "신 벗어!" 하면 신도 벗을 줄도 알고 신나게 뛰어놀다가 목이 마르면 "물, 물" 하는 한국말을 배워 귀여움을 독차지했다.

언니네 집에 조금씩 화평이 들기 시작했고 주일이 되면 나는 꼭 예배를 드리러 갔다.

시간이 서서히 지나면서 형부와 나는 대화도 많이 하고 나는 주로 나의 간증도 하며 둘이서 식당에 가서 맛있는 음식도 사 먹으면서 다시 옛날에 다정했던 형부와 처제로 웃음꽃을 피웠다.

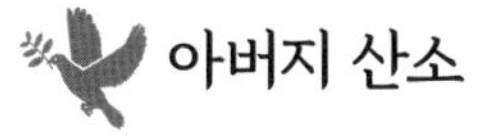

아버지 산소

1978년 9월

아버지께 효도도 한번 하지 못했는데 벌써 돌아가셨으니 미안하고 부끄럽기가 말할 수 없는 가운데 식구들과 다 함께 아버지 산소에 갔다.

아버지는 어머니 덕택에 천주교 묘지 산 높고 햇볕이 잘 드는 곳에 모셔져 있었는데 막상 아버지의 산소를 보니

"너는 흙이니 흙으로 돌아갈 지니라" - 창 3:19

인생의 무상함이 싸-하게 내 가슴을 파고 스며들었는데 죽으면 한 줌의 흙으로 변할 인간들이 평생 죽지 않고 살 사람들 같이 살인, 미움, 거짓, 질투 속에서 아귀다툼을 하면서 살고 있다.

우리가 진리의 말씀을 깨닫고 순종을 하며 산다면 좀 더 넓은 마음 문을 열고 온유한 가운데 이웃을 사랑하면서 살 수가 있을 텐데...

아버지 묘소 바로 옆에 어머니가 돌아가시면 묻히실 땅도 마련되어 있었는데 왠지 내 마음이 묘해졌다.

아들딸 다 시집 장가보내고 8명의 손자 손녀와 2명의 증손자를 보신 할머니, 언젠가는 당신도 이 세상을 떠나시면 저 조그마한 땅에 묻히시겠지 하는 생각을 하고 계실 어머니의 마음은 과연 어떠하실까?

어머니께서는 하나님을 믿고 순종하며 살고 계시니 돌아가시면 비록 육체는 한 줌의 흙으로 변하지만 영은 저 천국에서 사실 것을 나는 믿고 있지만 막상 묘지까지 보니 기분이 이상하고 슬퍼졌다.

언젠가 어느 의사가 쓴 신문에 난 글에 사람이 죽으면 도대체 얼마만 한 가치가 있나 궁금하여 조사를 해 보니 한 사람이 죽은 시체로 비누, 종이, 석탄을 조금씩 만들 수가 있어 돈으로 계산을 해보니 5달러 가치밖에 되지 않더란다.

죽으면 겨우 5달러 가치밖에 되지 않는 흙덩어리인 이 허무한 육체를 위하여 지구 위에서 잠시 빌려 머물면서 살 동안 생사를 주관하시는 하나님을 두려워하지 않고 진리를 거부한 체, 자기가 제일 잘 났다는 교만한 마음 때문에 육을 위해 죄만 짓고 살다가 유황불이 활 활 타는 지옥에 떨어질 영혼들을 어떻게 더 많은 영혼들을 구원시킬 수 있을까? 곰곰이 생각하고 묵상해 본다.

말씀은 세세토록 있도다

인생은
잠시 머무르다 떠나가는 나그네 길
반짝이다 없어지는 이슬방울
보이다가 없어지는 안개
흙으로 돌아가고 마는 먼지 나니

"육체는 풀과 같고

모든 영광이 풀의 꽃과 같으니

풀은 마르고 꽃은 떨어지매

오직 주의 말씀은 세세토록 있도다."

벧전 1:24

잠시 빌려보는 이 땅덩어리에

너무 집착 말고 눈을 들어

주 하나님이 지으신 모든 세계

하늘의 별들과 울려 퍼지는 뇌성

지저귀는 새소리와 고요하게 흐르는 시냇물

백합화의 아름다움

우주에 가득 찬 주님의 권능과

높고 위대하심을 바라보며

내 영혼아 기뻐하며

여호와를 송축하라

다시 미국으로

석 달의 방문 비자를 끝마치고 미국으로 돌아가야 할 날짜가 코앞에 다가왔다. 가 보았자 남편이라는 사람은 자신의 쾌락만을 위해 육신의 정욕에 정신이 없을 사람, 행복의 파랑새는 미국 땅에서 기다리고 있지 않지만 가야 할 몸이기에 아무튼 떠날 준비를 했다.

가족들은 모처럼 한국에 나왔다가 여행도 못 가고 그냥 가는 것이 안됐는지 설악산이나 제주도에 가자고 권했지만 내 마음은 여행을 가는 것이 문제가 아니라 사랑하는 가족들의 영혼 문제가 더 시급하고 안타까웠다.

나는 하나님이 주시는 축복과 평화 속에서 살고 싶을 뿐 세상 사람들은 부럽지가 않았는데 엄마는 오랜만에 한국에 나왔는데 그냥 간다고 우셨고 둘째 언니는 자기 때문에 집만 지키다가 간다고 울었다.

배웅 나온 큰 언니, 형부, 조카 이경이와 김포공항으로 향해 미국으로 떠나는 비행기를 타러 들어갈 때는 그동안 가슴속에 숨겨 놓았던 비밀의 아픔들이 눈물로 맺혀서 소낙비같이 쏟아져 나왔는데 그동안 그리웠던 식구들과 나누었던 사랑도 아쉬웠고 이제는 내가 선택한 속이나 썩히는 미국 남편 곁으로 다시 돌아가야만 하는 내 처지가 불쌍하고 한심해 서러움이 한꺼번에 복받쳐 왔기 때문이다.

"아무튼 가보자, 좋으나 싫으나 내 남편이고 이제 자식까지 있으니 어떡한단 말인가!"

어거스타시 비행장에 철없는 아기 손을 잡고 내려서는 내 모습이 처량하고 쓸쓸하고 한심하다. 남편 부대에 전화를 거니 금요일인데 부재중이다. 할 수 없이 택시를 타고 집에 와서 문을 열고 들어서니 거실 안에 기타, 레코드 판, 재떨이, 술병, 맥주 깡통들이 어수선하게 널려져 있었는데 나는 영, 혼, 육적으로 너무나 지쳐 있었기 때문에 피곤해서 곧 침실로 들어가 누웠다.

필립이는 천사의 얼굴로 여기저기 뛰어다니면서 천진스럽게 놀고 있는데 저녁때가 되어서 그이가 돌아와 필립이를 보고는 깜짝 놀라면서

"와! 필립이가 돌아왔구나, 보고 싶어 죽을뻔했다."

하며 꼭 끌어안고 키스하기에 정신이 없고 필립이도 아버지 가슴에 파묻혀서 '대리대리' 부르며 좋아했다.

나에게도 키스해 주면서 돌아와 줘서 고맙다고 진심으로 기뻐하면서 반가워했다.

우리는 화음을 맞춰 살려고 무척 애를 썼으며 서로의 신경을 건드리지 않으려고 조심을 했지만 너무나도 다른 방향의 삶을 살고 있었는지라 얼마 안 가서 또다시 삐거덕거리는 소리가 나기 시작했다.

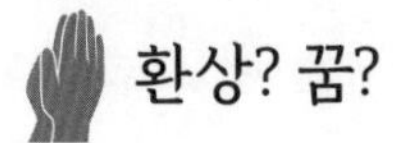

환상? 꿈?

나의 경건한 신앙생활이 그에게는 너무나 재미없고 지루할 뿐만 아니라 바보같이 보였고 나는 남편이 육을 위하여 방탕하게 사는 질서 없는 생활 습관에 불안과 짜증이 합쳐서 진저리가 났고 우리는 필립이 때문에 억지로 한 지붕 밑에서 사는 것 같았다.

"빛이 세상에 왔으되 사람들이 자기 행위가 악하므로 빛보다 어두움을 더 사랑한 것이라." -요 3:19

어두움을 더 사랑하는 폴은 매일 술에 취해서 겨우 몇 시간 잠이나 자러 집에 들어오고 나는 그를 위해서 최선의 노력을 다해 인내하며 하나님 앞에 울부짖으며 기도를 했다.

마음이 답답하고 암담한 앞날이 걱정되어 밥을 먹는 날보다도 금식을 하는 날들이 더 많은 시간을 보내는 중 하루는 소파에 앉아서 성경 책을 읽다가 깜빡 잠이 들었는가 싶었는데…

환상(꿈?)에 필립이가 안 보인다.

나는 필립아, 필립아 애타게 부르며 여기저기 돌아다니며 찾고 있는데 필립이가 현관문 앞에 서서 천사의 얼굴을 하고 무엇엔가 홀린 듯이 황홀하게 위를 쳐다보고 있지 않은가!

"아가야, 무엇을 그렇게 보고 있니?"

물으면서 필립이가 바라보고 있는 곳을 향해 나도 쳐다보았다.

어머나! 어머나! 어머나! 어머나!

나는 너무나 깜짝 놀라서 벌어진 입을 다물 수가 없었다.

세상에! 세상에!

글쎄 예수님께서 바로 우리 집 현관문 앞에 눈부신 빛을 발하고 우뚝 서 계시고 있지 않은가!!

갑자기 내 온몸이 굳어 버리는 것 같은 가운데서도 예수님 어떻게 저희 집을 방문해 주셨습니까!

떨면서 질문을 하고 주의 발밑에 엎드려 있다가 궁금해서 머리를 들어 쳐다보니 많은 물방울들이 모여 만들어진 것 같은 흰옷을 입고 계셨는데 주위에는 무지개빛 색깔이 찬란하게 아름다운 광체로 둘러싸여 있었고 무릎 밑에는 구름으로 가려져 안 보였다.

신비로 가득 찬 얼굴에는 비밀이 담긴 눈빛으로 나를 인자하게 내려다보시면서 아무 말씀도 안 하시고 근엄하게 서 계셨는데 그 호수같이 깊은 눈빛 속에 내가 쑥 빨려 들어갈 것만 같았다.

나는 두렵고 떨려서

"주님 감사합니다. 정말로 고맙습니다."

말을 하고 머리를 숙였다가 잠시 후 다시 고개를 들었을 땐 아무도 보이지 않았다.

나는 깜짝 놀라 눈을 떴는데 실제로 체험을 한 것 같이 비몽사몽, 너무나도 생생하고 사실인 것이다.

나는 내 손등과 다리를 꼬집어보면서 꿈인지 환상이었는지를 알아보려고 애쓰고 있던 바로 그때, 생전 점심을 먹으러 오지 않던 남편이 이상하게도 오늘따라 점심을 먹으러 문을 열고 들어왔다.

나는 방금 일어났던 일이 너무나 실제여서 얼떨결에 나도 모르게 여보, 나 방금 예수님을 봤는데 그리스도께서 우리 집 문 앞에 무지개빛의 광체를 띠고 서 계시지 않겠어요!

헌데, 이 말이 끝나자마자 폴의 얼굴색이 창백해지더니 하얗게 질려 버리지 않는가! 아마 그의 생각으론 내가 약간 돌아버린 정신이 좀 나간 사람으로 보였는지 빨리 샌드위치나 만들어 달라고 재촉을 해서 두 개를 만들어 주니 집에서는 먹지 않고 재빨리 손에 움켜쥐고 시간이 없다는 핑계를 대며 서둘러서 차를 쌩하니 몰아 화살같이 날아가 버렸다.

그때서야 '아차!' 내 잘못을 깨달았는데 예수님을 보았다는 말은 하지 말았어야 할 것을 괜히 해서 멀쩡한 사람 미친 취급만 당했네.

후회를 했지만 이미 엎질러진 물, 그러나 저러나 한 번도 점심을 먹으러 오지 않던 사람이 오늘따라 무슨 바람이 불어왔으며 또 나는 왜 하필이면 대낮 12시 정오에 꿈인지 환상인지를 볼 것이 뭐람? 참으로 이상도 하도다!

나는 도대체 뭐가 뭔지 알 수 없는 수수께끼의 기분으로 멍하니 서 있었다.

그동안 나는 폴 앞에서 되도록이면 하나님 이야기는 꺼내지도 못했고 냉장고에는 맥주가 항상 가득 채워져 있었지만 그는 매일 밖에 나가서 마시고 담배 피우고 춤추면서 인생을 즐겼다.

우리는 그야말로 남과 남 같았고 이젠 끝장이라는 예감이 들었으며 이런 상태에서 살아간다는 것이 기적이고 내가 정상인 것만도 다행이었는데...

토요일 아침 꿈

내가 물을 받으러 물동이를 가지고 우물가로 가서 펌프질을 하는데 어떤 할멈이 우물가에 앉아서 나를 빤히 쳐다보고 있었다.

나는 얼떨결에 그 늙은 여인을 내려다보았는데 그녀의 눈과 나의 눈이 딱 마주치는 바로 그 순간 그녀가 무당이라는 것을 직감으로 알았다.

그런데 희한하게도 그 할멈이 하려는 말을 즉 그녀의 영감을 내가 미리 읽은 것이다. 그래서 점치지 말아! 그래 나는 하나님의 자녀다.

그리고 내가 주를 위해 큰일을 하건 못하건 하나님의 은혜에 달려있지 내가 잘나서가 아니야! 어떻든 나는 너 같은 마귀의 말은 듣지 않을 터이니 점치지 말아!라고 호통을 쳤는데 그때 그녀가 나에게

"관상을 보니 예수를 위하여 큰일을 할 팔자구먼. 당신의 간증으로 인하여 수많은 사람들이 구원을 받겠어!"

라고 말을 하려던 참이었는데 내가 그 말을 미리 알아차려 버려 못하게 막아 버리니까 화가 불꽃같이 나서

"도대체 너 까짓 게 뭔데 날더러 마귀라 부르며 무시하며 또 점을 치지 말라는 등 건방지게 까부느냐, 너를 죽여 버리겠다!"

라고 입에 거품을 뿜으며 이를 갈면서 덤벼들었다.

나는 온갖 힘을 다해 걸음아. 날 살려라 도망을 쳐, 우리 집 광에 숨어있는데 그 무당은 사냥개처럼 냄새를 맡고는 그곳까지 쫓아와서 미처 잠그지 못한 광문을 밀면서 죽인다고 덤벼들었다.

나는 젖 먹은 힘까지 다해 문을 떠밀어 못 들어오게 애를 썼는데 성이 잔뜩 난 무당은 문틈 사이로 손을 집어넣어 그 기다란 손톱으로 내 손을 확 할퀴어 내 손등에서 피가 줄줄 흘러내렸다.

나는 진땀을 흘리며 숨 가쁘게 '사람 살려요! 도와주세요!' 고함을 지르니 친정 엄마와 오빠가 달려와서 광문을 밀어 닫고 열쇠로 꽉 잠가 무당이 못 들어오게 막아 주었다.

무당 할멈은 나를 못 죽여서 화가 난다고 투덜투덜, 씩씩대며 행길을 걸어 나가는데 그 뒤에는 삼백 명도 더 넘는 헌병들(마귀 새끼들)이 나팔 불고 북을 치며 쿵짝, 쿵짝, 쿵짝 신나게 춤을 추면서 무당 뒤를 쫓고 있었다.

좁은 문으로 들어가라
멸망으로 인도하는 문은 크고
그 길이 넓어 그리로 들어가는 자가 많고" -마태 7:13

나는 그런 광경을 보며 나를 죽이려고 저 무당이 또 찾아오면 어쩌지 하고 걱정을 하니까 옆에 있던 사람이 '저 무당은 다시는 당신에게 돌아오지 않을 것'이라고 대답을 했다.

진땀을 흘리며 눈을 벌떡 뜨니 또 생시 같은 꿈이었는데 불길한 예감이 스치며 마음이 불안하여 기도를 했으나 전혀 평안이 없고 하루 종일 불안했다.

그날 밤, 술이 곤드레만드레 취하더라도 잠만은 꼭 집에 와서 자던 폴이었는데 들어오지 않았다.

내가 크리스천이긴 하지만 이제 겨우 걸음마 정도인데 날더러 갑자기 천사가 돼란 말인가? 아니면 예수같이 돼란 말인가?

참는 것도 한계가 있고 지렁이도 밟으면 꿈틀 거린다.

다음날 저녁에 우리는 마침내 말다툼이 시작되었고 그 와중에 폴이 내 입을 한대 쳐 입에서 피가 흘러나왔다.

오호라, 그 무당(사탄)이 바로 당신 안에서 일을 하고 있구나!

그리고 나는 우리의 결혼 생활에 희망이 없음을 알았다.

폭풍이 한바탕 휘몰아친 공포의 밤이 지나고 월요일 오후 폴이 집에 일찍 오더니 단단히 결심을 한 듯 입을 열었다.

"나 집을 나가겠으니 그리 알고 있어. 내 물건은 내가 알아서 챙겨 가지고 갈 거야."
하며 값이 나가는 스테레오, 고급 카메라 둘, 툴 박스, 작은 냉장고, TV, 레코드판, 자기 옷 등을 집 옆에 세워 놓았던 캠핑 트레일러에 모두 담아 싣고는 어디론가 떠나가 버렸다.

나는 재물을 가지고 싸우기도 싫어서 그가 하고 싶은 데로 내버려 두었는데 같이 산다 하더라도 항상 혼자였으니 별로 다른 것이야 없지만 제일 큰 문제는 딸린 어린아이를 데리고 앞으로 어떻게 살아가야 하나이다.

걱정이 태산 같아 눈앞이 캄캄했다.

무엇보다도 이제부터는 아버지 없이 자라야 할 필립이가 너무나 불쌍하고 가여워서 내 가슴이 미어져 쓰리고 아프게 쑤셔오며 하늘이 무너져 버린 듯 암담했다.

그때 말씀이 생각났는데

"악을 행하는 자마다 빛을 미워하며 빛으로 오지 아니하나니
이는 그 행위가 드러날까 함이요" -요 3:20

와!

주님께서는 이런 일이 일어 날줄을 미리 알고 계셨구나!

그래서 예수님께서 비밀의 눈빛으로 우리 집 문 앞에 서서 필립이와 내 앞에 나타나 지켜보고 계셨던 것이 아니었을까!

그리고 어머니께서 나를 위하여 매일 중보기도를 하고 계시기 때문에 사탄이 나를 죽이지 못하고 있지 않았을까!

이혼

1979년 1월, 이혼장에 도장을 찍었다.

"하나님, 어떻게 이러한 시험이 저에게 옵니까!

제 기도가 부족했습니까!, 아내 노릇을 잘못했습니까!

친척, 친구, 아무도 없는 더구나 언어마저 다른 낯선 땅에서 아기까지 데리고 어떻게 혼자서 살라는 말인가요?"

나는 목이 메고 가슴이 아파서 더 이상 기도를 할 수가 없었다.

운명, 이것을 운명이라고 부르는 것인가! 죽고 싶다. 그런데 자살을 하면 지옥에 간다지?

하지만 금식을 하다 죽으면 지옥에는 가지 않겠지?

그러나 만일 내가 죽어 버린다면 불쌍한 아들 필립이는 누가 키운단 말인가! 아버지라는 사람은 술병을 더 사랑하는 사람인지라 어차피 내가 데리고 살아야 하는데 나는 모르는 것이 더 많은 미국 땅에서 답답하고 미칠 것만 같은 고통 속에서 입술을 깨물고 아침 10시부터 밤 10시까지 일하는 중국 식당에서 웨이트리스로 취직을 했다.

필립이는 이제 겨우 두 살이 조금 넘어 한참 귀여운데 잠자는 아기 깨워서 밥 먹이고 기저귀 채워 옷 입히고 베이비시터 집에 데려다주고 오밤중에 다시 잠자는 아기 깨워서 집으로 데리고 온다.

13시간 이상을 남이 봐 주는데 얼마나 정성스럽게 돌보아 주려나? 밥은 잘 먹이고 철없는 아기 구박하거나 때려 주지는 않는지?

이웃에 사는 젊은 베이비시터가 영 마음에 들지 않아 불안해 내 마음이 편치 않아서 항상 초조하고 긴장이 되었다.

마침내 나는 신경과민증에다 육체적 경제적 피곤함에 겹쳐서 바람이 불면 훅! 날아가 버릴 듯이 말라만 갔는데 허리는 두 손으로 쥐면 잡히고 다리는 휘청거리고…

많은 고민 끝에 생각해 낸 아이디어는 필립이를 베이비시터 해주는 집에서 같이 살 수 있도록 보자는 방법이었다.

마침 내가 나가던 미국 교회에 자녀가 없는 하나님을 잘 믿는 부부가 있었는데 이 집이라면 마음이 놓이고 안정될 것 같아서 한 달에 $300씩 드릴 테니 필립이를 아들같이 키워 줄 수 있겠느냐고 물어보니 밥과 로즈는 내 사정을 알고는 그러겠노라고 했다.

나는 아침에 눈을 뜨자마자 준비를 하고 일을 나가면 10~12시간씩 일을 해야 했으므로 집으로 돌아오면 녹초가 돼 버렸다.

더구나 재롱을 피우던 필립이 마저 없으니 보고 싶어서 미칠 것 같고 또 한편으론 죄도 없이 남편한테 버림을 받았다는 꺾어진 자존심도 감당할 수가 없어서 내 가슴속에는 커다란 구멍이 뻥 뚫어져 그곳으로 찬바람이 숭 숭 들어왔다.

나는 밤마다 울면서 잠이 들었고 불같은 시험 가운데서도 내 신앙은 흔들리지 않아 성경 책, 설교 테이프, 신앙서적들을 열심히 들으면서 조금씩 정신을 차려갔다.

그런데 하나님은 눈도 감고 귀도 막고 계신 것인지? 내 생활에는 아무런 변함도 없고 항상 똑같다.

외로움과 고독이 이 세상에서 나 혼자만의 것 같고 눈을 뜨면 일어나 준비하고 일하러 나갔다가 밤이 되면 지쳐서 집에 돌아와 씻고 울면서 성경 책을 보다가 잠이 들었는가 싶으면 벌써 아침이다.

피곤해도 또 일어나야 하고 쉼 돌릴 사이도 없이 일하러 가고 또 돌아와 잠을 자고 이러한 생활을 계속 되풀이하다 보니 도대체 나는 이 세상에 일하러 태어났거나 고생을 하러 태어났거나 둘 중에 하나인 것 같다.

사는 것이 하나도 재미없고 답답하고 지루해서 통곡할 일이다.

참으로 하나님은 계시 지도 않는데 내가 헛것을 믿고 꿈만 꾸고 있는 것이 아닌지?

폴이 나를 미친 사람으로 취급한 것도 무리가 아니었구나 하며 내 얼굴을 거울 속에 비춰 자세히 들여다보고 있노라니 정상이 아닌 것 같다는 생각이 들기도 했다.

매일매일 변함없이 너무나도 똑같이 반복되는 생활에 스트레스가 쌓여 지치고 갑갑해 감당할 수 없을 정도로 짜증이 나는 어느 날 밤, 일을 마치고 집으로 돌아오는 길에 한국 여자가 주인인 바에 들러봤다.

황홀하게 번쩍 번쩍거리는 불빛은 어지럽고 담배 연기는 굴뚝에서 솟는 연기같이 홀 안에 자욱한데 술에 취한 사람들이 디스크 음악에 취해서 온 몸뚱이를 비틀면서 정신없이 흔들어댄다.

저들은 참으로 기뻐서 그러는 것일까? 아니면 너무나 공허해서 모든 것을 잊어버리고자 잠시 미쳐 보자는 것일까?

내 눈에는 모두들 불쌍해 보이면서 이런 시가 떠올랐다.

"북을 두드린다. 마구 때린다.
이 어지럽고 혼탁한 세상에서
이 내 마음의 공허를 메우기 위해
북을 두드린다. 마구 때린다.
순환하는 사랑과 마음의 갈등을 벗어나
이 내 마음에 참 사랑을 담기 위하여
북을 두드린다. 마구 때린다.
위선과 가증으로 팽배한 이 세상을
이 내 마음에 한 줄기 빛을 찾아서." -북 소리 중에서

술에 취한다해서 깊게 찢어진 내 아픈 상처가 아물어지지 않을 것 같아서 번쩍이는 불빛과 쾅쾅대는 음악 소리에 정신이 나가 한동안 멍하니 앉아 있다가 테이블에 놓인 술은 마시지도 않고 훌쩍 일어나 밖으로 나오니 밤비가 쭈룩쭈룩 쏟아지고 있었다.

이 한밤중에 아무 데도, 정말로 아무 곳도 갈 곳이 없구나.

차를 몰아 다시 집으로 향하면서 외롭고 처량한 내 모습이 쓸쓸해 꺼억꺼억 울고 있노라니 밖에선 소낙비가 휘몰아치고 차 안에서는 쏟아지는 내 눈물바다로 말미암아 두 무릎이 축축하다.

하염없이 쏟아져 내리는 눈물을 떨어지는 대로 내 버려두며 천천히 차를 운전하면서

'주여, 저를 불쌍히 여겨 주소서. 믿음으로 강하게 붙잡아 주소서.'

애타게 부르짖는데 내 입술에서 이런 찬양이 흐느낌과 함께 흘러나왔다.

"주님 뜻대로 살기로 했네 주님 뜻대로 살기로 했네
주님 뜻대로 살기로 했네 뒤돌아 서지 않겠네

이 세상 사람 날 몰라 줘도 이 세상 사람 날 몰라 줘도
이 세상 사람 날 몰라 줘도 뒤돌아 서지 않겠네

세상 등지고 십자가 지네 세상 등지고 십자가 지네
세상 등지고 십자가 지네 뒤돌아 서지 않겠네"

내 깊은 곳에서부터 찬송이 흘러나오면서

"자기 십자가를 지고 나를 쫓지 않는 자는 내게 합당하지 아니하니라."
-마태 10:38

성령의 말씀이 가슴속에서 들려왔는데 세상을 바라보지 말고 주님만 따르라는 뜻이었다.

친구들

후랭크라는 중년 남자가 내가 혼자 산다는 말을 친구로부터 듣고 일부러 내가 일하는 식당으로 찾아와 음식을 사 먹고는 나보고 한번 만나 줄 수 있겠느냐고 물었다.

그렇지 않아도 지루하고 답답한 차에 좋다고 대답을 하고 쉬는 날, 후랭크를 만나 고급 식당에 가서 저녁식사를 하며 대화를 나누는데 나에게 무척 호감을 갖는 눈치다.

후랭크와 데이트를 하면서 알아낸 것은 집이 한 열 채가 있어서 일을 안 해도 생활을 할 수 있었고 크리스천은 아니지만 술과 담배는 안 해서 좋았는데 세상 계산이 빨랐다.

나는 지치고 외로운 날이면 그와 드라이브를 하면서 마음을 달랬는데 어느 날 일을 끝내고 집에 들어오니 밤 10시, 텅 빈 집에 들어오니 그날따라 마음이 몹시 허전하고 슬프다.

사랑하는 아기 필립이가 내 곁에 없으니 보고 싶어 쓸쓸함을 달랠 수가 없어 후랭크한테 전화를 걸어 지금 나하고 소풍을 갈 수 있겠느냐고 물으니 그는 깔깔대고 웃으면서 그러자고 허락을 하고는 오는 도중에 식당에 들러 음식을 사 가지고 우리는 오밤중에 호수로 소풍을 나갔다.

밤 12시가 다 되어서였는데 사람 일이란 모르는 일이라 후랭크가 미리 준비해 가지고 온 권총을 옆에 놓고 램프에 불을 켜고 사 온 음식을 먹으면서 좋아했다.

주위에는 인적 하나 없이 무섭도록 고요한데(좀 떨어진 곳에 클럽 하우스가 있다) 찌르르 찍, 찌르르 찍, 쏴 쌔 파도치는 소리.

그리고 후랭크와 내가 깔깔 웃는 소리뿐이다.

자정이 넘은 캄캄한 오밤중에 소풍을 나온 사람들이 도대체 이 지구 위에 몇 사람이나 될까.

나는 내 남편한테서 받은 아픔과 상처를 후랭크를 통해서 위로받으려고 애썼다.

후랭크는 나와 결혼을 하고 싶어 했는데 내 마음 깊은 곳에서는 하나님을 믿는 사람과 결혼을 하고 싶은 것이다.

그래야만 교회에도 같이 가고 밥 먹기 전에 기도도 같이 할 수 있고 크리스천 프로그램도 같이 보며 하나님이 주시는 은혜와 축복 속에서 살 수 있지 않을까.

꼼꼼하고 계산이 빠른 후랭크와 결혼을 하면 과연 행복할까?

곰곰이 생각해 보니 내가 그의 재산에 더 마음이 쏠려 있는 것 같아 후랭크더러, '당신이 크리스천이 된다면 결혼을 하겠다.'라고 말하니 충격이 컸는지 "나도 옛날에 교회를 다녔었는데 종교인들은 모두 이중인격자들이며 믿어보았자 아무런 소용이 없더라."
라고 대답을 하고 그 후 그는 내 곁을 떠나버렸다.

선희는 내 크리스천 친구다.

그녀가 병원에서 아들을 낳으니 남편이 너무 좋아서 부대 친구들을 찾아가 아들을 낳았다고 자랑을 하며 준비한 담배를 모두 다 나

눠주고 맥주 파티를 한 다음 신나게 차를 몰고 집으로 달려오다가 사고로 세상을 떠나버렸다.

선희는 아들 엔토니가 태어나자마자 사랑하는 남편(30대)이 죽었다는 벼락같은 소식을 듣고는 그 충격으로 기절을 해 병원에 입원까지 했었는데 참으로 영화 속에 나오는 주인공 같은 여인이다.

사람이 태어날 때는 순서가 있지만 죽을 때는 순서가 없으므로 우리는 창조주가 오라고 하면 언제든지 모든 것을 놔두고 가야 하는데 빈손으로 왔다가 빈손으로 가는 인생이나니 길이요, 진리요, 생명이신 주님께 순종하면서 사는 것이 참 지혜라고 생각하며 선희와 나는 각각 다른 아픔과 구멍 난 마음들을 위로하면서 같이 기도도 하고 찬송도 하면서 말씀 공부를 했다.

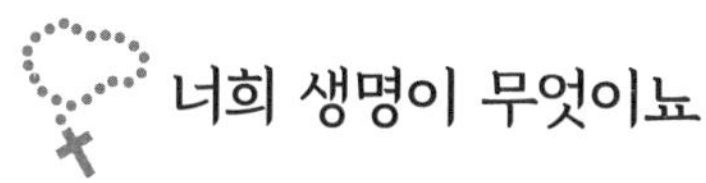

너희 생명이 무엇이뇨

“내일 일은 너희가 알지 못하는 도다.
너희 생명이 무엇이뇨.
너희는 보이다가 없어지는 안개로다.

사람이 만일 온 천하를 얻고도
제 목숨을 잃으면 무엇이 유익하리오.
사람이 무엇을 주고 제 목숨을 바꾸겠느냐

우리가 세상에 아무것도 가지고 온 것이 없으며
또한 아무것도 가지고 가지 못하리니
우리가 먹을 것과 입을 것이 있은즉 족한 줄 알 것이다.
돈을 사랑함이 일만 악의 뿌리가 되나니
이것을 사모하는 자들이 미혹을 받아
믿음에서 떠나 많은 근심으로 자기를 찔렀도다.

해가 뜨고 뜨거운 바람이 불어 풀을 말리우면
꽃은 떨어져 그 모양의 아름다움이 없어지리니
부한 자도 그 행하는 일이 이와 같이 쇠잔하리니

모든 육체는 풀과 같고

그 모든 영광이 들의 꽃과 같으니

풀은 마르고 꽃은 떨어져도

오직 주의 말씀은 세세토록 있도다"

-약 4:14 마태 16:26 딤전 6:7, 8, 10 약 1:11 벧전 1:24

그즈음, 필립 아빠에 대한 소문이 좋지 않게 들려와서 더 속이 상했다.

즉 부대 가까운 곳에 한국 동양 여자가 주인인 클럽(내가 한번 가 보았던)이 있는데 바로 그 바에서 폴이 밤마다 매니저로 일을 하고 있더란다.

선희가 그곳에서 웨이트리스로 일하고 있는 한국 여자한테 전도를 하러 갔더니 그 바-걸 말이

"사라 씨는 하나님을 잘 믿는 사람인데 왜 남편 하나 구원도 못 시키고 이혼이나 당하며 폴은 매일 저녁 클럽에서 신나게 놀고 있으니 하나님을 믿어 보았자 무슨 소용이 있느냐? 웃기지 마라."

하며 비웃더란다.

선희로부터 이 말을 전해 들은 나는 너무나 부끄러워서 얼굴이 빨갛게 달아오르고 마치 전쟁터에서 지고 돌아온 패잔병 같은 기분이 되어 머리 꼭대기부터 발끝까지 힘이 쏙 빠져나갔다.

이제는 당신 소원대로 아예 술집에서 사는 구려.

'주여, 저는 이제 이 고장에서 얼굴을 들고 살기도 창피합니다.

내 얼굴이 부끄러운 것은 둘째로 하고 하나님 당신의 얼굴을 가리

게 해 가슴이 너무 아파 심장이 멈춰 버릴 것 같습니다.

아버지, 제발 저를 불쌍히 여겨 주시옵소서.'

어느 날, 빈 들판에 아무도 살지 않는 허름한 이층집이 보이기에 호기심이 나서 집 구경을 하려고 들어가 아래층을 구경하고 이층으로 막 올라가려고 하는데 책상 밑 한구석에 손바닥만 한 상자가 눈에 띄었다.

궁금해서 그 상자를 집어서 열어보니 꽤 큰 다이아몬드가 두 알이나 들어 있지 않은가!

'어머나, 어머나 이렇게 소중하고 값비싼 다이아몬드가 왜 빈집에 떨어져 있단 말인가!

누구의 것인지도 모르는데 내가 가질까?

아니, 비록 주인도 없는 아무도 안 사는 빈 집에서 주었다 할지라도 내 것이 아니고 나는 하나님을 믿는 사람인데 경찰서에 가서 주인을 찾아주라고 해야지'

생각하며 이왕 들어온 김에 이층도 구경을 하고 싶어서 계단을 밟고 있는데 갑자기 어디서 두 명의 경찰관이 나타나더니 나를 불러 세웠다.

"여보시오, 우리가 숨어서 당신의 거동을 살피고 있었는데 당신이 다이아몬드를 주웠으면 곧바로 경찰서로 가서 주인을 찾아주라고 신고를 할 것이지 왜 가지고 이층으로 올라갑니까? 당신은 죄를 지었기 때문에 이제부터는 이 도시에서 살지 못하고 쫓겨날 것이니 지금 당장 경찰서로 갑시다."

하며 내 손을 잡아끈다.

나는 아닌 밤중에 홍두깨 맞은 격이 되어 '아니, 아무도 살지 않는 빈집에 구경 왔다가 쓰레기같이 버려진 상자를 주운 것뿐인데 더구나 내가 경찰서에 안 갖다주려고 한 것이 아니라 이층을 구경하고 나서 막 바로 신고를 하려던 참이었는데 당신들이 나를 함정에 빠트려 트집을 잡으려고 일부러 저 다이아몬드 상자를 책상 밑에 갖다 놓고 숨어서 은밀하게 내 거동을 살피고 있다가 훔치지도 않은 나를 쫓아낸다고 우겨대니 도대체 이런 엉터리 법이 이 세상에 어디 있단 말이요?'

하고 반항을 해 봤으나 무섭게 생긴 두 경찰관은 눈도 하나 깜짝 안 하고 나를 추방한다고 냉정하게 서류를 꾸몄다.

'아무 죄도 없이 나는 이 고장에서 쫓겨나는 신세가 되었구나, 그러나 저러나 이제 어디로 가서 어떻게 산단 말인가!'

억울하고 답답한 가슴을 애태우다 눈을 벌떡 뜨니 꿈이었다.

'나는 꿈을 잘 꾸는 요셉을 닮았는가? 아니면 다니엘을 닮았는가?'

너무나 생시 같은 꿈이어서 무슨 일이 일어날 것 같은 불길한 예감이 들었는데 하나님을 믿고 난 후부터 어쩌다 이렇게 생생한 꿈을 꾼 날은 무슨 일이 꼭 일어나는 경험을 했기 때문에 이제는 직감으로 알고 있다.

'하나님, 제발 부탁이오니 이번엔 아무 사고 없이 잘 지나가게 해 주소서'

기도를 하고 멍멍한 기분으로 일을 갔다.

내가 일하고 있는 중국 식당 주인은 옛날에 이혼을 하고 혼자 살고 있었는데 어떻게 하면 신나게(?) 살다가 죽을까가 그의 큰 고민이었다.

그는 나와 가까이 지내기를 원했는데 나는 돈이 좀 있는 노인과 밥을 같이 먹었다는 소문도 듣기 싫고 또 하나님도 안 믿고 완고하고 고집이 센 노인네와 아까운 시간을 보내는 것이 싫어서 좋게, 좋게 거절을 해 왔었는데 만일 내가 남자 손님들에게 친절하거나 농담을 하면 금방 싫어하는 내색이다.

남편이 있는 다른 웨이트리스 들은 마음대로 농담을 해도 잠자코 있으면서 나는 입만 뻥끗해도 손님들과 이야기를 한다고 신경을 곤두세웠다. 그의 지나친 간섭이 거슬렸지만 목구멍이 포도청 인지라 꾹 참고 있는 처지였다.

그런데 바로 그날 점심시간에 단골손님인 젊은 두 미혼 미국 남자가 내 테이블에 앉게 되었다.

웨이트리스 직업이란 친절할수록 팁이 많이 나오고 또 자주 오는 손님 들이라 농담을 주고받으며 대화를 좀 나누었다.

그런데 카운터에서 지켜보고 있던 주인이 내 밝은 얼굴에 질투가 난 것이다.

두 사람이 식사를 끝내고 나간 후에 나를 부르더니

"손님들과 이야기를 많이 하는 당신과 같은 종업원은 필요 없으니 오늘부터 일을 안 해도 좋아."

하며 얼굴이 빨개져서 화를 냈다. 나는 올 것이 왔구나. 자기 뜻대로 안 되니까 자존심이 상했나 본데 이것이 다 혼자 사는 죄로구나.

하나님 아버지, 아침에 이상한 꿈을 꾸더니 직업도 떨어지고 남편이 없는 젊은 여자라 외로운 노인한테 조롱이나 받는 처지가 되었습니다. 사랑하는 내 아들은 남의 손에서 자라고 미국에서 받은 교육도 없고, 돈도 없고 주여, 어찌하여 저에게 이런 불같은 시험을 주시나이까!

도대체 나는 무엇을 어떻게 해야 좋을지 몰라 고민을 하다가 하나님의 뜻을 찾기 위해 금식을 해야겠다고 결심하고 친구 선희한테 전화를 걸어 직업이 떨어졌다는 것과 또 마음먹고 있는 것을 말하니 금식을 하더라도 외롭게 혼자 하지 말고 자기네 집에 와서 하라고 했다.

그래서 그녀와 같이 기도도 하고 대화도 나눌 겸 성경 책을 가지고 선희네 집으로 달려갔다.

'40일 40야 홍수가 났을 때 방주 속에 갇혀 있었던
노아와 그의 아내, 아들 셋과 세자부는 하늘만 바라보았듯이
그렇다.
나도 여호와만 바라보고
빛이신 주님의 말씀만을 붙들리라.
아버지, 저를 불쌍히 여기사 기적을 베풀어 주소서.
예수그리스도의 이름으로 기도드립니다. 아멘'

금식 7일이 끝났을 때, 꿈에 폴이 나타나서

"사라, 나는 당신을 사랑합니다."라고 말을 하고 있는데 갑자기 여러 명의 술친구들이 확 들이닥치더니 그의 팔, 다리, 몸, 머리를 붙들고 가마를 태우고 어디론가 데려가 버렸다.

맙소사! 폴이 술 마귀에 꽁꽁 묶여 헤어나지를 못하고 있구나.

선희는 내가 그동안 힘든 금식을 했다고 갈비를 푹 삶아서 보호식(죽)을 쑤어 주는 그리스도의 사랑을 베풀어 줘서 잘 먹고 진심으로 감사하며 집으로 돌아왔다.

아무도 반겨주는 사람 없는 텅 빈, 쓸쓸하고 적막한 거실에 들어서니 외딴섬에 나 혼자 서있는 기분이다.

마음이 지치고 허전하여 모든 것이 다 귀찮았는데 옆구리에 큰 구멍이 펑! 뚫어져 그리로 바람이 술 술 술 들어오는 것 같았고 따뜻한 햇볕마저 머리를 아프게 하며 화단의 풀잎들도 지쳐 있는 듯, 울적하고 쓸쓸해 미쳐버릴 것만 같다. 나는 병자 아닌 병자가 되어 숨쉬기조차 괴로워 고민하다가 지쳐서 잠이 들었는데 현재, 나에게 고통이 없는 시간이란 잠에서 깨어나지 않는 것이다. 눈을 뜨는 바로 그 순간부터 현실 앞에 '꽝!' 부딪쳐 터져 버릴 것만 같은 머리, 정신병자들이 왜 순간적으로 머리가 핑~ 돌아 버리는지를 이제야 알 것 같고 나 역시 병원에만 안 갔지 정신병자와 다를 게 뭐냐.

그러나저러나 앞으로 어떻게 살아가야 하나, 당장 돈이 있어야 먹고 살 수가 있는데 큰 고민이다.

이튿날 나는 신문을 사서 취직난을 들여다 보았다. 사방으로 돌아다니면서 취직을 하려고 노력했으나 모두 헛걸음만 치고 맥이 다 빠져 지쳐 있는데 마침 '예수그리스도' 영화 제목이 눈에 들어와 극장으로 들어갔다.

"신이신 여호와 창조주 아들 예수가 이 땅에 오셔서
하늘나라 복음을 전파하시고
앉은뱅이를 일으키셨는가 하면
눈먼 장님에게는 빛을 보게 하시고
죽은 나사로를 살리시는 등, 기적을 베푸시다가
십자가에 못 박혀 돌아가셨다.
왜?
친히 나무에 달려 그 몸으로 우리 죄를 담당하셨으니
이는 우리로 죄에 대하여 죽고 의에 대하여 살게 하며
누구든지 주의 이름을 부르는 자는 구원을 얻게 하시려고"
-벧전 2:24, 롬 10:13

나는 집으로 돌아와 힘없이 소파에 주저앉았다.

'아, 당신이 인간의 죄와 질병, 가난 모든 저주를 짊어지시고 피 흘려 돌아가셨는데 제 십자가는 왜 이렇게 무겁습니까? 무엇이 잘못되었는지 가르쳐 주옵소서.'

돈 버는 것이 이렇게 힘이 들 줄 알았다면 차라리 후랭크와 결혼을 해 버릴 것을, 후회가 됐지만 이미 엎질러진 물이고, 지나간 버스다.

그런데 문득 마리한테 전화를 하고 싶은 생각이 들었다.

그때, 짐과 마리의 식구들은 오클라호주에 있는 톨사시로 이사를 가서 신학교에 들어가 공부를 하고 있는 중이었다.

나는 마리의 동생인 내 전남편 폴과 이혼을 했기 때문에 그녀와 나 사이에 이젠 아무런 친척 관계가 아니지만 마리 때문에 내가 하나님을 믿게 되었고 또 지나간 추억 속에 아름다운 사랑을 많이 나누었기 때문에 그녀와 나 사이에는 아직도 뜨거운 정이 흐르고 있었다.

또 필립이 고모다. 나는 전화번호를 돌렸다.

"여보세요" 짐의 낮은 바리톤 음성이 들려왔다.

'하이 짐, 나 사라예요.'

"뭐라고? 사라라고?

그래, 그동안 어떻게 지냈으며 왜 한 번도 소식이 없었어요?"
하며 무척 반가워했다.

나는 너무나 외롭고 지쳐있었던 차에 오랜만에 짐의 목소리를 들으니 친정 오빠를 만난 듯 설움이 복받쳐 올라와 말을 못 하고 소리 없이 울고 있으니 무슨 일이 있었느냐고 궁금해 나는 솔직히 모든 사실을 털어놓았다. 직업도 떨어지고, 필립이는 남의 집에서 자라고 하나님 앞에 금식하며 기도했는데 아무런 응답이 없어 도대체 앞으로 어떻게 살아가야 할지를 몰라 막막해서 답답한 가운데 있던 중, 문득 당신들이 생각나 그리워서 전화를 했다고 말하니 짐은 잘했다고 위로하면서

"사라, 폭풍우가 지나면 그다음에는 잔잔해지듯이 하나님께서는

당신을 그가 사용하는 그릇으로 쓰시려고 정금같이 단련하기 위해 이러한 시험이 있는지도 모르니 조금만 더 인내하고 주님을 믿고 기다려 봐요. 그러나 저러나 거기서 혼자 외롭게 살지 말고 톨사시로 와서 우리와 함께 살면 어떻겠어요?"

전혀 생각지도 않았던 뜻밖의 질문에 깜짝 놀라서

'나는 폴과 이혼을 했으므로 당신들과는 이제 친척 관계도 아닌데 어떻게 함께 살 수 있습니까?' 의아해하며 말하니, 짐은

"당신과 우리는 예수 안에서 한 형제인데 왜 관계가 없나요? 또 남도 아니니 그런 걱정은 하지 말고 잘 생각해 봐요"

라고 종용한다.

그때 마침 어디 나갔다가 금방 집에 들어온 듯한 마리가 짐과 통화를 하고 있는 것이 나라는 것을 안 모양이다.

그녀는 얼른 다른 수화기를 들고 기쁜 소리로 매우 반가워하면서

"사라, 그동안 무척 궁금했었어. 얼마 전에 삼일 동안 금식 기도를 했는데 성령님께서 사라가 너희 집에서 같이 살 것이라고 말씀을 하시기에 속으로 이상해서 별일이다, 나는 사라가 지금 어디서 어떻게 살고 있는지도 모르고 또 오랫동안 연락도 없는데 대수롭지 않게 생각하면서 그냥 넘겨 버렸는데 지금 생각해 보니 우리 집에 와서 같이 사는 것이 하나님의 뜻인 것 같다고"

짐과 똑같은 말을 한다.

사실 내 마음 같아서는 당장이라도 달려가고 싶지만

'지금 살고 있는 집과 짐들은 다 어떻게 처리하며 또 알지도 못하

는 그 먼 길을 어떻게 찾아갑니까?'

"집은 싸게 팔아버리고 짐도 가지고 와 봤자 놔둘 장소가 없으니 다 처리해 버리고 옷만 싸 가지고 오면 되니 오늘 밤에 곰곰이 잘 생각해 봐. 그러면 내일 다시 전화할게."

말하고 수화기를 놓았다.

나는 뜻밖에 생긴 일에 대하여 며칠 전에 꾼 꿈을 비교해 곰곰이 생각을 해보니, 이 어거스타시를 떠나 톨사시로 가는 것이 확실히 성령님의 뜻인 것 같았다. 왜냐하면 내 꿈에는 어거스타시에 못 산다고 말했고 마리한테는 사라가 너희 집에 살 것이라고 예언했다지 않는가!

그러나 막상 이곳을 떠나려고 하니 그동안 정 부쳐 왔던 아담하고 예쁜 벽돌집, 뒷 뜰의 아름드리나무와 앞마당의 화초들, 정성 들여 가꾸어 온 잔디, 내 손때가 묻은 집안 구석구석 등.

모든 것에 아쉬운 마음이 들었지만 뒤를 돌아보다가 소금 기둥이 되어버린 롯의 아내가 생각나서 한 많은 어거스타시 조지아주를 떠나기로 단호히 결정을 내리고 집은 그동안 필립이를 베이비시터 해준 밥과 로즈한테 남은 월부를 갚아 가라고 사인해 주고 냉장고, 세탁기, 소파 등도 그냥 주며 그동안 필립이를 잘 보살펴 줘서 고맙다고 인사를 하고 나와 필립이를 오클라호마주에 있는 톨사시까지만 데려다 달라고 부탁했다.

힘들고 외롭기만 했던 나는 집도 짐도 다 귀찮고 남편한테 상처받은 어거스타시를 빨리 떠나고 싶은 생각뿐이었다.

오클라호마주 톨사시로 이사를 가다

1978년 10월 말 드디어 톨사시에 도착을 해 짐과 마리, 그들의 자녀 아들 셋 그리고 나와 필립, 모두 일곱 식구 대가족이 한집에 살게 되었다.

아침 일찍 진과 마리가 신학교에 가고 빌과 션이 초등학교에 가면 제이곱과 필립이(둘다 세 살)를 내가 돌보고 짐과 마리가 12시가 넘어서 신학교에서 돌아오면 점심을 먹고 짐과 내가 직장을 나간다.

모든 것이 다 원만하지는 않았지만 주님의 사랑으로 화합해 나갔다.

시간은 화살같이 지나가 짐과 마리는 신학교를 졸업 후 교회를 개척한다고 뉴멕시코주 산타페이시로 다시 돌아갔고 나는 하나님의 뜻이 있어서 이곳에 보내 주신 것 같아 그냥 남아 있기로 했다.

마침, 방이 두 개인 아파트에서 혼자 살고 있는 순자 씨를 알게 되어 같이 살기로 했는데 나는 필립이 엄마이자 아빠, 친구, 친척, 직장 생활 등 모든 것을 혼자서 감당해야 하니 미국 땅에서 힘든 일이 정말로 한두 가지가 아니다.

무엇보다도 마음이 더 아픈 것은 필립이가 놀다가 들어와선 블랜디나 피터는 아빠가 있는데 나는 왜 아빠가 없느냐고 울면서 아빠를 찾을 때다.

남같이 잘해주지도 못하는데 그 조그마한 가슴에 상처를 주니 내 마음은 찢어질 듯 아프고 허탈감이 들기 시작했다.

물론 누가 알아 달라고 하나님을 믿으며 사는 것은 아니지만 이러다가 정말로 시집도 못 간 체 고생만 하다가 늙어버리겠다는 불안감과 초조함이 생겼다.

눈 깜박할 사이에 벌써 장년이 넘어서지 않았는가! 한데 어떻게 남자를 만난단 말인가!

매일 밤 11시까지 일하는 웨이트리스 직업.

목요일 하루 쉬는 날은 필립이와 시간을 보내고 쇼핑도 하고 밀린 빨래도 해야 하니 더 바쁘다. 때로는 남들이 잘도 가는 클럽에 나가 남자를 만나고 싶어도 알코올 중독자 남편에게 질러버려 술 마시는 사람은 질색이라 고민을 하고 있던 중, 신문 광고란에 '결혼 중매'라는 글자가 눈에 들어왔다.

나는 바에도 안 가고 데이트할 시간도 없으니 이곳에 가입해서 소개해 주는 남자를 만나 봐야지 하는 생각을 하고 소개소를 찾아가 백 달러를 주고 가입했다.

그리고 중매 여인이 소개해 주는 몇 사람을 만나 보았는데 어색하기만 해 포기를 하고 있는데 하루는 상담소에서 전화가 왔다.

"어느 변호사가 당신을 만나보고 싶어 하는데"

'그분 몇 살인데 하이클래스 직업을 가진 사람이 저 같은 웨이트리스를 만나려고 합니까?'

당신 사진 보고 호감이 가서 그런 것 같으니 아무튼 만나나 보란다.

연락이 되어 약속된 장소에 가니 키도 크고 잘 생겼다.

나는 커피를 마시면서 '당신은 미남이며 직업도 하이클래스인데 나는 이혼녀에다 직업도 웨이트리스, 특별하게 생기지도 않았고 더구나 애까지 딸린 동양 여자를 왜 만나려는 것입니까? 당신을 보니 아름다운 여인들이 꼬리를 흔들면서 쫓아다닐 것 같은데 변호사 직업은 바쁠 터인데 나를 만나는 것은 시간만 낭비하는 것 같습니다.'고 말하니

"당신은 재미있고 유머가 있는 여인이군요. 내가 만나자고 했지 당신이 나를 만나자고 한 것은 아니니까 대화나 합시다."

이런저런 이야기를 주고받는데 빌의 꾸밈이 없고 텁텁한 성격은 괜찮았지만 하나님을 전혀 모르고 세상으로 꽉 차 있었다.

하나님은 평안과 같이한다고 했는데 내 마음속에는 전혀 평안이 없고 불안하다. 신발이 안 맞는다고 할까?

시간은 쉬지도 않고 잘도 흐르는데 폴이 얼마 전부터 양육비를 안 보낸다. 나는 내 몸과 정성, 시간을 다해 제 자식 키우느라고 낯설고,

물설고 언어까지 다른 외국 땅에서 말로 다 할 수 없는 육체적, 정신적 고생을 하며 젊은 청춘을 오직 아들 키우는데 희생을 하며 베개를 끌어안고 흐느끼던 밤이 얼마나 많았던가!

그런데 제 자식 키우는데 보내는 몇 푼의 돈이 아까워서 못 보내는 그 인격이 창피하고 화가 났다.

물론 내가 경제적으로 여유만 있다면 치사하게 그의 돈을 한 푼도 받고 싶지 않다. 그러나 나는 지금 도움이 절실히 필요한 환경이다.

신의 허락으로 한 생명 인간으로 태어난 당신, 친 아버지의 얼굴도 보지 못하며 계부의 냉정함과 술로서 세월을 보낸 엄마 밑에서 무엇을 배우며 생각하고 방황하며 자랐을까?

당신도 엄마처럼 모든 괴로움을 술로서 잊어버리려고 몸부림치고 있는 것입니까?

하지만 어엿한 부인을 만나 잘 생긴 아들을 얻었건만 방탕한 생활이 좋아 술집 여자들과 빙빙 도는 생활을 하면서 법적으로 자기 아들한테 보내야 하는 많지 않은 그 돈이 아까워서 못 보내는 졸자, 나는 내 아들을 위해서 받아내야 한다.

그래서 법을 잘 아는 빌한테 이 문제를 해결해 보자는 생각이 들어 물어보니 이혼 서류를 가지고 자기 집으로 오라고 해서 쉬는 날 시간을 약속하고 갔다.

나는 폴의 주소도 전화번호도 아무것도 모르며 다만 PO Box만 알고 있다고 하니, 빌은 그가 어디에 사는지부터 먼저 알아보아야 한다며 화제를 바꿔 사생활에 대해 물었다.

빌, 당신이 법의 힘으로 돈을 보내 주도록 도와주신다면 감사하겠습니다. 물론 사례비는 드릴 것이고요. 그리고 나는 당신과는 어울리지 않으므로 데이트나 하기 위하여 보낼 시간의 여유가 없답니다.

그러자 빌은 왜 자격지심을 갖느냐고 물었다.

"창조주 하나님이 내 아버지이시므로 저는 자격지심을 갖지 않습니다. 다만 평안이 없기 때문이지요."

간단히 대답을 했다.

왜냐하면 잘난 사람들이 가지고 노는 장난감 인형 정도로 여겨지는 것이 싫어서 당당히 대했고, 빌은 어거스타시에 알아본 후에 연락을 해 주겠다고 해서 나는 집으로 돌아왔다.

얼마 후 전화가 왔는데 오늘 저녁에 대화를 하잔다.

무슨 정보가 있나 궁금하여 가니, 폴의 전화번호를 알아내 전화를 걸어 보았는데 어떤 여자가 받으면서 집에 없더라 하더란다.

본인과 직접 이야기를 해야 할 문제니 좀 더 기다려 달라고 하면서 뭐 좀 마시겠느냐고 물었다.

시원한 대답을 얻지 못한 나는 스트레스가 생겨 기분이 우울하고 가슴도 답답해 좋다고 대답을 하니

"뭘 마시겠느냐고?"

술 이름을 잘 모르는 나는 별생각 없이 아무거나 달라고 했다.

그가 부엌 쪽으로 가더니 마실 것을 가져오기에 받아서 조금 마셔 보니 씁쓰름했다.

"빌, 무슨 술이 이렇게 써요? 미안하지만 7up을 좀 더 넣어 주지

않겠습니까?"
청하니, 그는 당황하는 얼굴로 다시 갖다주었다.

나는 오줌싸게처럼 찔끔찔끔 마시며 분위기를 보며 빨리 가야겠다고 생각하고 있는데, 빌이

"사라 씨, 잠깐만 이곳에 있어요. 금방 나갔다 올 테니까."

"아니요, 주인도 없는 낯선 집에 혼자 있는 것도 우습고 집에 가겠어요."

"괜찮으니까 잠시 동안 TV 보면서 기다려요."
하더니 먼저 휭~하니 나가버린다.

참으로 이상하고 마음이 편치 않았지만 빈집을 놔두고 나올 수도 없고 할 수 없이 그동안 오므렸던 다리를 편안한 자세로 하고 TV를 보며 잔을 비우며 주인이 올 때만 기다리고 있는데 잠이 슬슬 온다.

밤일을 오래 해온 나는 새벽이 돼서야 잠이 오는 습관으로 되어 버렸는데 오늘은 이상하게 초저녁에 더군다나 남의 집에서 잠이 쏟아지다니... 무슨 주책이냐 싶어 잠들지 않으려고 안간힘을 썼다.

그러나 저러나 빌은 어디 가서 이렇게 안 온담, 주인이 빨리 와야 집에 갈 터인데 생각하며 깜빡 잠이 들려고 하는 바로 그때 빌이 들어왔다.

나는 감기는 눈을 뜨고 정신을 바짝 차려 있는 힘을 다해 일어나 빌의 집에서 나와 비틀거리며 차 안에 들어와 시동을 거는데 머리가 띵하고 도로가 두세 줄로 겹쳐서 보이기 시작했다.

아니, 도대체 내가 왜 이럴까?

나는 깜빡이를 켜고 속도를 줄여 천천히 운전을 하면서 주님, 운전하는 저의 손과 발, 눈을 붙잡아 주소서.

도로가 여러 갈래로 겹쳐서 보입니다.

만일, 차 사고가 나서 나 하나 죽는 것이라면 아무런 미련도 없지만 아니 오히려 골치 아픈 이 세상을 떠나 하늘나라에 가서 사는 것을 더 원하며 기쁘게 생각하고 있지만, 그러나 불쌍한 우리 필립이는 누가 돌본단 말입니까!

나는 가물가물한 혼돈 속에서도 이렇게 기도를 하며 무사히 집까지 왔지만 차 파킹도 똑바로 할 수가 없어 삐딱하게 세워 놓고 비틀거리며 들어와 쓰러졌다. 그때 내 정신은 술 취한 기분과는 전혀 다른 구름 위에 둥둥 떠 있는 듯한 이상야릇한 몽롱한 기분으로 밤새도록 지낸 후 아침 늦게야 일어나서 양치질을 하려고 거울을 드려다 보니 내 얼굴이 창백하고 몸이 부르르 떨렸다. 자세히 살펴보니 정상이 아니다.

옆에서 보고 있던 순자 씨가 소리를 지르면서

"너 어디 아프니? 도대체 어젯밤에 무슨 일이 있었기에 차도 똑바로 세워 놓지 못하고 구두는 부엌에 내 팽개치고 드레스를 입은 채로 잠을 잤니?"

나 자신도 도무지 이유를 알 수가 없어 두 손으로 머리를 꽉 누르고 정신을 가다듬은 후 천천히 그리고 곰곰이 생각을 하고 있는 중 아차! 어젯밤에 빌이 무슨 약을 탄 술을 갖다 준 것을 까맣게 모르고 마셨기 때문에 영화 속에서나 나오는 일이 벌어졌었구나! 하는 직감이 들었다.

그러나 저러나 치사하게 왜 약까지 먹이면서 잠들게 하려고 했을까? 변태형인가? 그래서 젊고 미남에 직업도 좋은 그가 아직까지 결혼도 안 하고 이 여자 저 여자와 엔조이나 하던 중 동양 여자인 나를 소개받아 호기심을 갖고 있었는데 나는 하나님을 두려워하는 자라.

어젯밤에 왜 빌이 아무 말도 안 하고 불안해하며 힐끔힐끔 훔쳐봤는지 이제야 알 것 같기도 한데 처음에 약을 타서 갖다주었을 때 홀짝 마셔 버릴 줄 알았는데(만일 그때 한 번에 다 마셔 버렸더라면?) 내가 술에 대하여 너무나 몰라서 순진하게 쓰다고 안마시니까 당황하면서 다음에는 성분을 약하게 해서 갖다 준 것 같은데 그것마저 빨리 마셔 버렸으면 좋으련만 오줌싸게처럼 찔끔찔끔 마시고 있으니 옆에서 지켜보고 있던 빌이 초조함에 볼일이 있다고 거짓말을 하고 잠시 밖으로 피해 있다가 다시 돌아오니 내가 집에 간다고 벌떡 일어나서 빌의 집을 나왔지만 그때부터 나는 잠이 쏟아지기 시작해 정신이 가물가물 거리며 도로가 몇 줄씩 겹쳐 보이는 가운데 반은 잠을 자다시피 천천히 20분쯤 운전을 했었는데 아직 죽을 때가 안 됐는지 천사들이 보호해 주어 무사히 집까지 도착할 수 있었던 것 같고 밤새도록 뜬구름을 탄 기분으로 몽롱했던 이유는 무슨 약의 성분 때문이었을 거라는 추측이 들었다.

와, 왜 이다지도 세상 사람들이 부패해졌단 말인가!

나는 노아시대 때 사람들을 왜 홍수로 쓸어버리시고 모든 생물들을 멸하여 버리셨는지 하나님의 그 심정을 이제야 이해할 수 있을 것 같았다.

인간의 생각과 계획이 어려서부터 악함으로.

우리가 이 땅 위에 살 동안에 심음과 거둠, 추위와 더위 여름과 겨울, 낮과 밤이 쉬지 않는다는 진리, 노아의 8식구만을 남겨놓고 40주야를 비를 내려 홍수가 나게 해 땅을 멸하셨어야만 했던 하나님의 심정.

죄악과 타락으로 가득 찬 소돔과 고모라 성을 롯과 두 딸만 구하고 유황불로 모두 소멸하셨어야만 했던 하나님의 안타까운 심정.

세상에 두고 온 재물이 아까워 뒤를 돌아본 이유로 소금 기둥이 되어버린 롯의 아내.

나같이 힘이 없고 보잘것없는 여인을 빌이 법의 권세로 도와줄 줄로 알았는데 오히려 어처구니없는 일을 당하고 보니 어이가 없다.

물론 20세기가 저물어 가고 있는 이 시대에 성도덕이 문란해 매일 저녁 파트너를 바꾸고 동성연애도 모자라서 동물하고도 장난을 치고 마약을 하고 안방 TV에서까지 육을 황홀하게 하는 영화를 언제든지 보여주는 타락할 대로 타락한 소돔과 고모라같이 부패한 시대에 나 같은 사람은 재미가 없는 퀘퀘묵은 여인같이 보일지도 모른다.

언젠가 식당에 단골손님이었던 보석을 몸에 치장하기를 좋아했던 제임스가 나한테 했던 말이 떠오른다.

“사라 씨, 당신은 2000년 전 시대의 여인입니다.”

(2000년 전에 오셨던 예수를 믿고 있기 때문에 지금 세대에 뒤떨어져 산다는 빈정대는 뜻에서)

입을 쩝쩝 다시며 답답하고 참 안됐다는 표정을 하고는 배꼽이 터져라 "핫 핫 핫 핫!" 큰 소리로 웃어대던 활달한 성격이었던 그의 얼굴이 떠올랐다.

그랬던 그는 1984년 5월 중순, 술에 얼큰하게 취해 스포츠카를 고속으로 달리다가 교통사고를 당해 34살이라는 젊은 나이에 죽어버렸다.

술, 마리화나, 여자, 스포츠차가 인생의 전부였던 그의 삶의 결과는 죽음이라는 정거장에서 땡~ 종을 치고 말았는데 그의 영은 어디에?

나는 육적인, 성적인, 세상적인 삶을 정죄하는 것이 아니라 영적인 삶을 살고 싶은 것이다.

첫째는 하나님의 법을 어기면서 사는 것이 싫고,

둘째는 결혼할 상대가 아닌데 잠시 갖고 노는 인형 상대로 여겨지는 것이 용납되지 않기 때문이다.

사실 그 당시 나는 예수님과 뜨거운 연애를 하고 있었으므로 세상 사람들은 매력이 없었고 나에겐 돈과 시간이 더 필요했던 것이다.

옆에서 지켜보고 있던 룸메이트 순자 씨는 힘없는 나를 누구 하나 도와주지는 않고 오히려 더 어지럽게 하니 화가 나서 다른 변호사한테 가서 당한 것을 고소하란다.

"방백들을 의지하지 말며
도울 힘도 없는 인생도 의지하지 말지니
호흡이 끊어지면 흙으로 돌아가서
당일에 그 소모가 소멸하리로다" -시 146:3,4

나는 허탈하게 웃어버렸다.

왜냐하면 요즘 사람들은 그런 일쯤은 죄라고 생각지도 않는 세상인데 더군다나 빌은 법을 잘 아는 사람인데 또 다른 변호사를 찾아가 도움을 청하라고?

나는 그럴 시간도 돈도 없을 뿐만 아니라 머리가 아프고 복잡해서 이곳저곳 찾아다닐 기력도 없다.

원하옵기는 주여!
끝없이 광대하게 펼쳐진 바다가 보이는 하얀 모래사장
태양이 눈부시게 쏟아지는 백사장 위에서
자유롭게 훨훨 날아다니는 갈매기를 바라보며
파도 소리, 찬송가를 들으면서 잠이나 실컷 자고 싶습니다.
아버지, 저는 돈도, 명예도, 권세도 아무것도 가진 것이 없지만
당신의 권세와 당신의 사랑을 가지고 있고
천사를 보내사 지켜주심을 감사드립니다.
빌은 세상이 원하는 조건들을 다 가지고 있지만
마귀에 묶여 죄 속에 빠져 허덕이고 있사오니
그 영혼을 불쌍히 여기사 구원해 주시기를
예수그리스도 이름으로 기도드립니다.

하나님을 모르고 사는 세상 사람들이 사탄에게 속아 헤어나지 못하는 것을 보니 명예, 권세, 젊음을 모두 겸비한 빌의 영혼이 오히려

나보다도 더 불쌍하다는 생각이 들어 꿇어앉아서 이렇게 기도하고 있었다.

그날 오후 나는 어지러웠지만 돈을 벌어야 입에 풀칠을 할 수 있기 때문에 일을 나갔다.

내 몸에 붙어 있는 뼈가 식초에 절였다가 나온 듯 흐늘흐늘거리고 식당의 불빛은 희미하게 가물거린다.

나는 휘청거리는 걸음걸이를 애써 똑바로 서서 오늘 저녁 하루는 아무도 내 주위에 가까이 오지 말고 만일 내가 일을 하다가 쓰러지면 구급차를 불러 병원에 데려다 달라고 웨이트리스들에게 말하니

"왜 어젯밤에 재미 보느라고 잠을 못 잤느냐? 마리화나를 피웠냐? 애인은 몇 명이니?"

라며 지나친 농담을 한다.

나는 머리가 아플 뿐 아니라 세상 사람들과 대화도 하기 싫어 조용히 일을 끝내고 집으로 돌아와 전화를 걸었다.

빌, 어젯밤에 나에게 무슨 일이 일어났는지 압니까?

"할 말이 없어요."

당황하는 목소리. 물어보는 내가 바보지.

아! 피곤하다. 잠이나 자자꾸나!

영화 "바람과 함께 사라지다"의 여주인공 스칼렛 오하라의 마지막 대사인, "내일은 또 내일의 태양이 뜬다."라고 말했지.

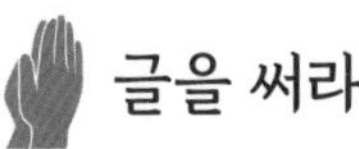

글을 써라

불같은 시험들이 끊임없이 이어지는 속에서도 교회는 빠지지 않고 다녔다.

하지만 아무런 응답도 없는 듯한 기도를 되풀이하기에도 민망하고 정신적인 고통도 감당할 수 없고 변함없는 피곤한 삶에 지쳐서 권태와 지루함이 홍수같이 밀려왔다.

이제는 꼬박꼬박 교회에 가는 것도 재미가 없고 기도를 하려 해도 힘이 솟아나지 않는다. 교회를 가면 부부들이 다정히 오는데 나만 홀로 허구한 날 날개 잃은 가련한 한 마리 기러기 마냥 파닥대고 있으니 비관이 생기고 무엇을 어떻게 해야 좋을지 방향을 잡을 수가 없다.

그래서 마음 놓고 햄버거 하나 제대로 사 먹지 않고 모아놓은 500달러를 봉투에 넣어가지고 교회를 갔다.

'하나님, 1981년 12월 마지막 일요일을 끝으로 교회 가는 것을 중단하겠습니다. 주님 뒤를 따르기가 몹시 힘이 드는군요.

하지만 마지막으로도 당신께 바칠 것은 바치고 그만두겠습니다.

주여 당신께서는 저의 깊은 심령과 진심을 아시며 감찰하시나니 불쌍히 여겨 위로해 주시옵소서.'

예배 순서에 내 이름이 특송자로 주보에 들어 있어서 나는 영과 혼과 마음을 모두 합쳐서 간절히 기도하듯이 심령을 불태우며 이 찬송을 불렀다.

"사철에 봄바람 불어 잇고 하나님 아버지 모셨으니
믿음의 반석도 든든하다 우리집 즐거운 동산이라
후렴 : 고마와라 임마누엘 복되고 즐거운 우리집
고마와라 임마누엘 복되도 즐거운 하루하루

어버이 우리를 고이시고 동기들 사랑에 뭉쳐 있고
기쁨도 설음도 같이하니 한간의 초가도 천국이라.

아침과 저녁에 수고하여 다같이 일하는 온 식구가
한 상에 둘러서 먹고마셔 여기가 인간의 낙원이라."

내 입술에서 소프라노로 아름답게 울려 퍼지는 목소리는 흐느끼고 있었다.

찬송을 마치고 자리에 돌아와 앉아서 소리 없이 눈물만 떨어뜨리는 내 가슴은 부풀어 오른 팽팽한 풍선같이 터질 것 같아 아픔을 참느라고 꾹 깨문 입술과 얼굴이 창백하다.

헌금시간이 되어 $500를 하나님 앞에 바치면서

'이 돈은 저의 전 재산입니다. 가난한 과부의 동전을 기쁘게 받으셨던 여호와여 제가 마음을 다하여 모든 것을 바치오니 오병이어의 기적을 저에게도 베풀어 주소서. 아버지를 배반하지는 않겠습니다.

제가 당신을 얼마나 사랑하는지는 아버지가 더 잘 알고 계실 것입니다. 다만 지금 제 자신을 어떻게 감당을 할 수가 없어 괴로워하고 있으니 너무 책망하지 마옵소서.

하나님, 제가 원하는 것은 돈도 명예도 권세도 아니요 다만 주님을 모시는 화평한 가정이었습니다. 그런데 가정은 쪼개지고 한 간의 초가도 없나이다.

주님을 모시는 온 식구가 한상에 둘러앉아 먹고 마시는 한 간의 초가를 얼마나 원했는지 당신께서는 더 잘 알고 계시나이다.'

예배가 끝나자마자 나는 커피를 나누는 성도의 교제에도 참석하지 않고 아무도 모르게 조용히 나와 차를 몰고 집으로 돌아왔다.

물에 빠져 허덕이다 강가에 나와 앉아 있는 기분이랄까?

사면이 꽉 막힌 상자 속에서 뱅글뱅글 바퀴를 돌리는 다람쥐같이 똑같은 생활에서 벗어나 이제는 좀 정도껏 살고 싶은 생각이 든 것이다.

교회를 안 나가는 생활이 몇 달 계속되었지만 습관대로 매일, 성경과 기독교 서적을 읽고 종교 TV 프로그램을 보고 힘을 얻고 위로를 받으며 어정쩡한 가운데 시간을 보내는 중 부활절이 가까이 오는 어느 날 성령님께서 교회에 나가라고 명령을 하시는데 내 온몸이 뜨거워 견딜 수가 없어 온 밤을 혼자서 철야 기도하고 아침 예배를 드리기 위해 집을 나섰다.

그동안 못 본 교우들의 얼굴을 대하니 주님의 사랑이 물밀 듯이 밀려와 내 가슴을 적신다.

'아버지 갈대와 같이 흔들리는 제 마음을 붙드사 반석 같은 믿음을 가질 수 있도록 도와주소서.'

조용히 기도를 하고 있는데 박 장로님께서 주보에도 없는 특송을 부탁하셨다.

나는 앞에 나가서 그동안 교회에 나오지 않아서 미안하다는 말과 하나님께서 교회를 나가라고 명령하셔서 다시 주님 품에 돌아왔다고 말하며 새 술에 취한 듯 내 심령을 다해 부르는 찬송 소리가 경건한 교회 안에 조용히 그리고 기도하듯이 높고 아름답게 울려 퍼졌다.

"우물가에 여인처럼 난 구했네 헛되고 헛된 것들을
그때 주님 하신 말씀 내 샘에 와 생수를 마셔라.
후렴 : 오~ 주님 채워 주소서 나의 잔을 높이 듭니다.
하늘양식 내게 내려주소서 넘치도록 채워주소서.
많고 많은 사람들이 찾았었네 헛되고 헛된 것들을
주 안에 감추인 보배 세상 것과 난 비길 수 없네
내 친구여 거기서 돌아오라 내 주의 넓은 품으로
우리 주님 너를 반겨 그 넓은 품에 안겨 주리라."

불같은 성령이 온몸에 활활 타올라 내 목소리는 4차원의 세계로 이끌어 황홀하게 울려 퍼져 하나님의 영광이 교회 안에 가득 찼다.

무아의 경지랄까?

성도님들의 얼굴을 보니 모두 성령에 취해서 침묵의 눈물은 흘리며 할렐루야로 응답을 해 주셨다.

“여호와는 나의 빛이며 나의 구원이시니
내가 누구를 두려워 하리오
여호와는 내 생명의 능력이시니
내가 누구를 무서워 하리오
내 안에서 평안을 누리게 하려 함이라
세상에서는 너희가 환난을 당하나
담대하라 내가 세상을 이기었노라” -시 27:1, 요한 16

나는 성령의 새 술에 취해 기쁨과 사랑으로 넘쳐 나면서 오랫동안 괴롭혀 왔던 우울증이 구름 거치 듯 사라지고 삶에 자신이 생기면서 미국 땅에서 자립을 하려면 무슨 기술을 배워야겠다는 생각이 들었다.

그래서 10개월 동안 미용학교를 다니기로 결정하고 아침 7시에 집을 나서면 밤 11시가 넘어서야 들어오는 피곤한 생활을 하면서도 하나님 말씀만을 꼭 붙들고 열심히 살고 있던 9월 어느 날 밤.

이날도 꼭두새벽부터 일어나 하루 종일 일을 하고 집으로 돌아오니 온몸이 물에 젖은 솜덩이같이 무겁다.

사람이 너무 피곤하면 잠도 안 오나 보다.

할 수 없이 무릎을 꿇고 기도를 하고 있는데 성령님께서

"사라야, 글을 써라!"

"네? 무슨 글을요?

저는 아무 영감도 떠오르지 않는데요."

"네가 어떻게 하나님을 믿게 되었는지의 동기와 그동안 너의 아픔과 고통, 불같은 시험들을 어떻게 극복했는가를 써라."

그 당시 내가 생각하고 있었던 간증이란 장님이 눈을 떴다든가, 귀머거리의 귀가 열렸다거나, 암같이 죽을병에 걸렸다가 살아났다든가, 가난뱅이가 갑자기 벼락부자가 되었다든가 하는 것만이 간증인 줄 알았다.

그래서 주님, 물론 제가 당신의 뜻대로 살려고 노력했으며 환란과 고통 속에서도 성령님의 인도하심에 따라 살아왔지만 남편 한 사람도 구원시키지 못하고 또 남의 아파트에서 룸메이트하고 있는 처지에 무엇을 어떻게 사람들 앞에 떳떳이 간증을 하란 말입니까?

"사랑하는 딸아, 너는 패잔병 같이 가슴을 못 펴고 고개를 숙이고 풀이 죽어 있느냐?"

내 생각은 너희 생각보다 높으리라.

비와 눈이 하늘에서 내려서는 다시 그리로 가지 않고

토지를 적시며 싹이 나게 하며 열매를 맺게 하여

파종하는 자에게 양식을 줌과 같이

내 입에서 나가는 말도 헛되이 네게로 돌아오지 아니하고

나의 뜻을 이루며 나의 명하여 보내신 일에 형통하리라."

-이사야 55:9-11

말씀하시며 누가복음 16장에 나오는 부자와 거지 나사로 이야기를 상기시켜 주셨다.

"한 부자가 있어 자색 옷과 고운 베옷을 입고 날마다 호화로이
연락을 하는데 나사로라 이름 하는 한 거지가 헌데를 핥으며
그 부자의 대문에 누워 부자의 상에서 떨어지는 것으로
배불리려 하며 심지어 개들이 와서 그 헌데를 핥더라
이에 그 거지가 죽어 천사에게 받들려 아브라함 품에 들어가고
부자도 죽어 장사되매 저가 음부에서 고통 중에 눈을 들어 멀리
아브라함과 그의 품에 있는 나사로를 불러 가로되
아버지 아브라함이여 나를 긍휼히 여기사 나사로를 보내어
그 손가락 끝에 물을 찍어 내 혀를 서늘하게 하소서
이 불꽃 가운데서 고민 하나이다
아브라함이 가로되 얘 너는 살았을 때에 네 좋은 것을 받았고
나사로는 고난을 받았느니 이것을 기억하라
이제 저는 여기서 위로를 받고 너는 고민을 받느니라.
이뿐 아니라 너희와 우리 사이에 큰 구렁이 끼어 있어
여기서 우리에게 건너올 수도 없게 하였느니라
가로되 그러면 구하오니 아버지여

나사로를 내 아버지의 집에 보내소서
내 형제 다섯이 있으니 저희에게 증거하게 하여 저희로
이 고통받는 곳에 오지 않게 하소서
아브라함이 가로되 저희에게 모세와 선지자들이 있으니
그들에게 들을지라 가로되 그렇지 아니하니이다
아버지 아브라함이여
만일 죽은 자에게서 저희에게 가는 자가 있으면 회개하리이다
가로되 모세와 선지자들에게 듣지 아니하면
비록 죽은 자 가운데서 살아나는 자가 있을지라도
권함을 받지 아니하리라 하셨다 하시니라"

이 부자는 세상에서 살 동안 좋은 옷을 입고 배불리 잘 먹으며 호강을 하고 살았지만 죽어서 지옥을 갔고 거지 나사로는 천국을 갔다.

즉 우리 육체는 이슬과 같이 잠시 빤짝 빛나다가 흙으로 돌아가지만 영은 영원하기 때문에 지옥을 가던가 천국을 가므로 예수 그리스도를 마음속에 주로 모셔드려 구원을 받는 것이 꼭 필요한데 이 땅에서 돈, 명예, 권력 모든 것을 갖고 살다가 지옥으로 가는 것보다 하나님을 믿어 예수님을 주로 모셔드려 천국에 가는 것이 더 중요하다는 '영혼구원'을 예를 들어 말씀하시면서

"지금까지 받아온 아픔을 통해
불같이 연단해 하나님 앞에 온전히 쓰려함이니라.

만일 네가 죽고 싶을 만큼 고통을 받지 않았더라면
다른 사람들의 심정을 어떻게 이해하며
어떻게 함께 아파할 수 있겠느냐!
너는 안 믿는 불쌍한 많은 영혼들을 구원하는데 능력의 말씀으로
고침을 받는 기적이 일어나
하늘나라를 이루는데 쓰임을 받은 그릇이노라.
나는 너를 택하였고 너를 사용하리니
오늘부터 펜을 들어 글을 써라,
내 은혜가 네게 족하니라."

'참으로 주께서 저를 사용하시려고 이렇게 불같은 연단을 하셨단 말입니까? 그러하시다면, 주여 지렁이 같은 제가 하나님께 영광을 돌릴 수 있다면 쓰시옵소서. 저는 당신의 종이 옵니다'

"나의 가는 길은 오직 그가 아시나니
그가 나를 단련하여
후에 내가 정금같이 나오리라." -욥기 23: 10

죽으면 죽으리라

오래전에 읽은 적이 있는 안이숙 씨의 '죽으면 죽으리라' 책을 어느 날 다시 읽기 시작했다.

그녀가 옥중 생활 중에 살인범을 위해 사랑을 베푼 내용에 가서는 말할 수 없는 감동을 받았다.

"나는 그녀의 발이 차지면 잠이 깰 것 같아서 내 가슴에 넣었다.
코가 찌르는 더러운 냄새가 나는 똥과 오줌에 절여진 옷 옆에
아무도 눕지 않는다고들 야단을 하는 그녀 옆에 누워서
나는 그녀의 발을 가슴에 안은 체 잠이 들어버렸다.
아침이 되어도 그녀는 깨지 않고 코를 골며 계속해서 잤다.
그녀가 만일 코를 안 골았으면 우리는 그녀가 죽었는가? 했을 것이다.
밤이 돌아왔다. 나는 다시 그녀의 발을 나의 가슴에 넣어서
잠이 깨지 않도록 발을 덮게 해 주었다.
그러나 얼음덩어리가 된 그녀의 두 발은 내 가슴의 온기를
단번에 식혀버리고 내 온몸을 극도로 찬 얼음이 되게 했다.
문구멍으로 들어오는 밥을 나는 92번에게 먼저 먹였다.
국도 먹여주고 내 밥과 국까지 먹여 주었다.
그래서 나는 만 3일간 밥과 국을 먹을 수가 없었다. 나는 수척 해지고
그에게 먹여 주려고 국그릇을 든 내 두 손은 부들부들 떨기까지 했다."

이 내용에 가서는 내 가슴이 마구 떨려 와서

더 이상 읽어 내려갈 수가 없었다.
어찌 인간의 사랑으로 전혀 알지 못하는 더군다나 미친 만주 여자에게 이런 자비를 베풀 수가 있단 말인가!
다만 "네 이웃을 네 몸같이 사랑하라" -막 12:31

는 아가페 사랑만이 할 수 있는 행함이다.

하나님은 사랑이시니 믿음 소망 사랑 중 그중에 제일은 사랑이라고 했다. 사랑이 부족해서 서서히 메말라가는 세상, 사랑이 없어서 몸부림치는 고독한 인생들.

"사랑으로써 역사하는 믿음뿐이니라." -갈 5:6

사랑과 믿음은 기적을 불러오는데
'주여, 사랑을 주옵소서!'

그때 필립 아빠를 용서해 주고 그를 위하여 기도하라는 속사람이 말한다.

하지만 주님, 그는 저를 배반한 자입니다.

그 사람 때문에 내가 풍랑에 빠져 얼마나 헐떡였으며, 얼마나 고통을 받았으며 얼마나 수많은 밤들을 눈물로 지새웠는지 아십니까?

그리고 당신이 주신 십계명을 외우며 이 외국 땅에서 혼자 필립이 키우느라고 얼마나 고생을 했습니까! 이렇게 말하는 나에게,

"안이숙 씨는 감옥 속에서 만주인 미친 여자 사형수를 위해 자기

도 배가 고프다 못해 쓰러질 지경이었는데도 불구하고 삼일 동안 금식을 하며 자기 밥과 국을 그녀에게 먹여 주지 않았느냐!

뿐만 아니라, 어름 덩이같이 차디찬 발을 그녀의 가슴속에 품어 따뜻하게 녹여주는 사랑을 베풀지 아니하였느냐!

그런데 너는 필립이 아빠를 위해 왜 기도를 할 수가 없다고 하느냐

그 사람이 네 마음을 아프게 했던 남편이었다고 생각하기보다는 지옥으로 떨어질 한 불쌍한 영혼이라고 생각해 보라.

내가 너희들의 죄를 용서해 주기 위해 피 흘려 죽은 것 같이 용서함에는 십자가가 따르는 법이니라."

'네, 주님! 자기 십자가를 지고 나를 쫓지 아니하는 자는 내게 합당치 아니한다고 말씀하셨습니다.

당신께서는 생명까지 바쳐서 우리를 위해 피 흘려 돌아가셨는데 저는 왜 폴의 영혼을 위하여 기도를 하지 못하겠습니까!'

나는 삼일 금식으로 들어갔다.

'여호와 하나님, 폴은 정상적인 환경에서 자라지 못하고 사랑도 충분히 받지 못하며 상처와 아픔으로 살아온 사람입니다.

그는 술, 담배. 여자 등 세상의 향락인 독의 사랑으로 메마른 가슴을 달래 왔지요.

그 사막같이 갈라진 마음을 제 사랑으로 채워 주려고 애썼지만 저는 인간인지라 실패를 했습니다. 하지만 당신은 승리자이십니다.

아버지, 폴의 영혼을 불쌍히 여기사 복음을 전파하는 일꾼을 그에

게 보내셔서 회개하는 역사가 일어나 그 영혼을 구원시켜 주옵시고 사도 바울같이 하나님 앞에 무릎을 꿇게 하시어 당신이 원하는 그릇으로 만드소서.

예수 그리스도 이름으로 기도드립니다.'

금식이 끝난 며칠 후 금요일 저녁 성경공부를 마치고 11시가 넘어서 집에 들어왔는데 전화벨 소리가 울렸다.

'할로'

'할로'

'여보세요!'

무거운 침묵만 흐르며 아무런 대답이 없었지만 성령님께서 끊지 말라고 하셔서 인내하면서 전화기를 붙들고 있는데 힘이 없는 작은 목소리로,

"사라, 나 폴이에요" 음성이 들려왔다.

5년 이상 자기 아들한테 한 장의 편지도 없었던 냉정하기가 차가운 어름 덩어리 같았던 그가 놀랍게도 전화를 한 것이다.

우리는 오랜만에 긴 대화를 주고받았는데 폴은 클럽 바텐더(술집) 여자와 결혼을 해서 자식을 낳고 살고 있었는데 폴의 부인이 그것도 하필이면 폴의 가장 친한 친구와 눈이 맞아서 폴은 이혼을 당했고 지금은 다른 술집 여자와 살고 있다고 고백을 하면서 불신자들의 거짓 속에서 온갖 배신을 당하고, 배신하면서 가시에 찔려 고통을 당하며 술 중독에 빠져서 헤어 나오지를 못하며 살고 있었다.

"사라, 저를 용서해 주기 바랍니다.

당신에게 지은 잘못을 어떻게 다 갚을 수가 있겠습니까?"

'폴. 나는 당신을 오래전에 다 용서했답니다.'

이 세상은 소금물과 같아서 마시면 마실수록 목이 타고 또 가시 같아서 이리 찔리고 저리 찔리며 상처와 아픔만 남을 뿐이지요.

검은 죄악들이 우는 사자같이 덤벼들어 삼켜 버린 탓에 모두들 무언가에 미쳐 돌아가고 있는데,

'폴, 지금 당신에게 필요한 것은 다만 예수님뿐이랍니다.

그리스도를 당신 가슴속에 주로 모셔 드리세요.

그 분만이 당신의 마음을 편안하게 해 주고 목마른 당신에게 생수로 채워 주는데 왜냐하면 진리의 말씀이 당신을 자유롭게 해 주기 때문입니다.'

이렇게 우리는 마지막 대화로 끝이 났다.

주님께서는 그동안 많은 인생 스토리를 나에게 안겨 주셨다. 그 많은 사연들을 이 책에 모두 담아내기엔 지면이 참으로 부족하기에 나의 마지막 간증을 남기며 끝마치려 한다.

 여의도 순복음교회의 오산리기도원에 강사로 초빙을 받다

어느덧 세월이 흘러 서울 올림픽을 개최한 1988년이 되던 해, 내가 다니고 있는 빅토리 교회(Victory Christian Center)의 담임 목사님은 빌리 조 도우리(Billy Joe Doughurty)이신데 성도 수는 만 명이 넘는 톨사시에서는 제일 큰 교회다.

1988년 11월 13일부터 15일까지 3일간 '교회 성장 세미나(The Church Growth of Seminar)' 즉, 부흥회가 시작되었는데 강사님으로는 세계에서 제일 크다는 서울 여의도 순복음 교회의 조용기 목사님이셨다.

그즈음 미국 기독교 방송국 TV에서 조용기 목사님이 서울에서 예배를 인도하는 모습을 자주 보여주며 하나님의 역사와 이적이 크게 일어난다는 소문으로 인기가 폭발적이었다.

미국 각처 사방팔방에서 많은 목사님들과 성도님들이 Dr.조, Dr.조하면서 목사님의 설교를 듣고 싶어서 꾸역꾸역 모여들었는데 나도 아침, 저녁으로 참석하게 되었다.

동양인, 더구나 내 나라 한국 땅에서 오신 목사님의 설교를 듣기 위해 오랄 로벗 목사님 대학교 체육관으로 구름 떼같이 모여드는 미국 사람들 틈에 끼어 앉아있는 나는 내가 한국 사람이라는 자랑스러움과 뿌듯해지는 마음으로 영어로 설교하시는 조 목사님 말씀에 열심히 귀를 기울였다.

이튿날 저녁 두 번째 설교를 하실 때 성령님이 말씀하시기를 내 간증 책 〈그리 아니하실지라도〉를 목사님에게 드리라고 하신다.

'주님, 제 간증이 뭐 그리 대단하다고요.

조 목사님 교회에서는 앉은뱅이가 일어나고, 장님이 눈을 뜨고

귀머거리가 열리고, 암 병이 고쳐지는 등

희한한 기적들이 많이 일어난다는데

제 부끄러운 책을 드려보았자 읽으실 시간도 없으세요.'

대답을 하며 못 들은 척하고 앉아 있는데 목사님의 설교가 들려오지 않을 만큼 내내 방해하면서

"네 책 한 권을 목사님께 드려라!"

이렇게 또 말씀하신다.

뜨겁게 예배드리던 두 번째 저녁 부흥회가 끝나고 자정이 가까운 침묵의 시간, 집으로 돌아오는 캄캄한 차 속에서 나도 모르게 복받쳐 오르는 눈물을 떨어트리며 흐느껴 울었다.

집으로 돌아와서 내 간증 책을 꺼내 간단한 편지를 썼다.

'조용기 목사님!

저의 부끄러운 간증 책을 드리는데 시간이 없으실 터이니

한국으로 돌아가는 비행기 속에서 만일 시간이 되신다면 읽어보시고 저를 위하여 기도해 주시면 감사하겠습니다.'

다음 날 저녁 설교를 마치고 나가시는 조 목사님께 내 책을 드렸고 목사님 일행은 3일간의 대 부흥성회를 끝마치고 한국으로 돌아가셨다.

1988년 11월 18일 새벽 6시,

전화벨 소리가 따르릉 울렸다.

이른 아침인데 무슨 전화인가?

궁금한 마음으로 수화기를 들고 'Hello' 하니

"May I speak to Sarah Kim?"

(나는 한국 사람이 영어를 하는 악센트라는 것을 알아차리고 한국말로 바꾸어)

"제가 김사라인데요."

"아, 그러세요, 조 목사입니다."

"예? 조 목사님이시라니요?"

"예, 조 목사입니다."

아무리 생각을 해봐도 내가 아는 조 씨 성을 가지신 목사님은 안 계시다.

나는 답답하고 미안하기도 해서 조심스럽게

"제가 조 목사님을 알고 있나요?"

질문을 하니 어이가 없으신지,

"아- 참, 나 조용기 목사라니까요."

"넷?! Dr.조이시라구요? 와!!!"

나도 모르게 흥분되어 어린아이 같이 크게 환성을 지르며 지금 내가 꿈을 꾸는가 싶었다.

미국 사람들은 조용기 목사님을 존경해서 Dr.조라고 부르기 때문에 내 귀에는 사실 Dr.조라는 명칭에 익숙해 있기 때문에 조 목사라는 말이 오히려 생소하게 들렸을 뿐만 아니라 꿈엔들 Dr.조께서 나한테 국제 전화를 하실 이유가 없다고 생각을 하고 있었기 때문에 참으로 믿어지지가 않아서 어리벙벙하고 있는데,

"지금 오사카에서 자매님께 전화를 하고 있는 중입니다."

(나는 더욱더 놀래서, 아니 목사님께서 일본에서 미국에 사는 나한테 국제전화를 해주실 정도로 중요한 일이 있으시단 말인가!)

"네 ~ 정말로 그러세요?"

(갑자기 내 온몸이 얼어붙는 것 같아 긴장해서 대답만 했다.)

"사라 자매님의 책을 비행기 안에서 읽으면서 참으로 감명받았지요."

"감사합니다. 목사님!"

"김사라 씨를 한국으로 초청을 하고 싶은데 와서 간증을 해 줄 수가 있는지요?"

(아니, 아니 도대체 지금 무슨 말씀을 하고 계신 것인가? 혹시 무엇을 잘못 착각하고 계신 것이 아닌가? 나는 얼떨떨해지고 믿어지지가 않아서)

"목사님! 죄송하지만 농담은 아니시지요?"

"아 참, 내가 당회장 목사인데 왜 자매님과 농담이나 하겠소? 올 수 있는지, 없는지나 대답을 해주세요."

(내 가슴이 두근두근, 맥박이 팡팡 재빠르게 뛴다. 주여 도와주소서! 성령님께서 담대하라고 속삭이신다.)

"네, 가겠습니다. 목사님!"

나는 전화기를 내려놓고 갑자기 일어난 사건에 너무 놀라서 벅차오르는 흥분을 억제할 수가 없어 새벽부터 인디언들이 춤을 추듯이 와! 와! 와! 소리를 지르면서 거실 주위를 껑충껑충 뛰었다.

하나님, 꿈입니까? 생시입니까?

어찌 이런 영광이 저에게 이루어진단 말입니까!

이 지구 위에서 제일 크다는 교회, 세계를 누비시며 복음을 전하며 6만 명이?(당시) 넘는 성도님들을 섬기신다는 당회장 조용기 목사님께서 어찌하여 지렁이같이 보잘것없는 나 같은 여인에게 더군다나 태평양 바다를 건너 미국에서 한국으로 날아가 간증을 해 달라고 초청을 하신단 말입니까?

도대체 믿어지지가 않습니다.

새벽부터 흥분된 가슴을 진정시키려고 애쓰면서 내 주위에 지인들에게 자랑하고 싶어서 'Dr.조 목사님께서 나를 한국으로 초청을 했다.'고 말하니 모두들, 하하하! 호호호! 후후후!

농담도 잘한다고 배꼽을 잡고 큰소리로 깔깔대며 웃기기 말라고 빈정댄다.

그도 그럴 것이, Dr.조께서 톨사에서 대 환영을 받고 떠나가신지가 겨우 이틀 전, 아직도 목사님께서 뿌리고 간 은혜에 취해 몽롱해져들 있는데 세계적인 목사님께서 별로 특별나 보이지도 않는 여인에게 더군다나 목사도 아닌 나를 미국에서 바다 건너 한국에까지 초청을 해 간증을 해 달라고 하실 리가 만무할 것이라고 생각하는 것은 당연했기 때문이다.

바로, 나 자신부터도 믿어지지 않았던가!

하지만, 사실이기에 내가 진지한 표정으로 '정말!'이라고 말하니

"만일 Dr.조께서 사라 씨에게 간증을 부탁할 정도라면 그럴 만한 이유가 있을 것인데 그렇다면 당신은 특별한 무엇이 있는 유명한 분이 되겠는데 사라 씨, 당신의 사인을 미리 받고 싶은데 좀 해 주실래요?"

나는 뜻밖의 요구에 당황해 더듬거리며

'Dr.조께서 유명하시지, 저는 유명하지 않아요. 만일 사인을 원한다면 조 목사님께서 다시 톨사에 오실 때 직접 받으세요.'
하면서 마음속으로 푸하하 하하하하하 터져 나오는 웃음을 참느라고 애썼다.

그런데, 듣기 싫은 소리는 아니었다. 물론, 사인은 안 해 줬지만..

1988년 12월 12일

나는 한국으로 가는 비행기에 몸을 실어 김포공항에 도착해 먼저 친정집으로 향해 어머니와 만나는 시간을 가졌다.

하지만 셀 수도 없을 만큼 많은 사람들 앞에서 간증을 해야 하는데 혹시 실수를 하면 어떡하나! 하는 두려움 때문인지 통 잠을 잘 수가 없다.

곰곰이 생각을 한 후 금식을 하기로 작정을 하고 12월 29일 오산리 기도원을 가기 위해서 여의도 순복음 교회로 갔다.

비서한테 전화를 하니 가시더라도 먼저 조 목사님을 만나 뵙고 기도원에 가란다.

그래서 비서 덕분에 목사님을 만나서 대화를 할 수 있는 기회가 마련됐는데 스케줄로 꽉 찬 바쁘신 목사님을 10층 귀빈실에서 기다리는 동안 서서 창밖을 내다보고 있노라니 남산과 함께 서울 시내가 한눈에 확! 펼쳐졌다.

1973년 내가 한국을 떠날 땐 초라한 서울이었는데 16년이 흐른 후 자랑스런 올림픽도 훌륭하게 개최했고 지금은 눈이 부시도록 발전해 '아름다운 서울, 멋있는 코리아! ~'로 변한 모습을 보니 가슴이 벅차올랐다.

아! 내 가슴은 뜨겁게 벅차오르고 서울의 하늘은 어머니의 품같이 따뜻하고 포근하게 나를 감싸 주는구나!

끝없는 공상의 날개를 펴고 감격하여 울먹이고 있는데 비서가 오셔서

"목사님이 기다리고 계시니 들어가 보세요."

잔뜩 긴장이 되어 조심스럽게 들어서는 나를 보신 목사님은 인자한 미소를 지으시며 앉으라고 권하며

"김사라 씨를 다시 만나게 되어 반갑습니다.

아직까지 여자 강사를 초청한 것은 자매님이 처음인데 성령님이 인도하시는 대로 간증을 해 주세요.

멜런히끼 미국 여자 목사님 외엔 여자 강사를 초청한 것이 내가 처음입니다"

와! 참으로 겁을 주셨다.

더군다나 나는 국제결혼한 과거가 있어서 사람들이 나를 바라보는 눈이 다를 텐데 죄를 진 것도 아닌데 나는 국제결혼한 것이 무슨 큰 잘못이라도 저지른 것 같이 부끄러워서 얼굴이 빨갛게 달아오르며 황공하고 미안했다.

나는 목사님과 40분간 대화를 나누면서 성경에 나오는 '엘리야 선지자와 사렙다 과부' 이야기가 왜 그렇게 떠오르던지..

나는 사렙다 과부 같고 조 목사님은 엘리야 선지자 같았다.

내가 사무실 문을 열고 나오려고 하는데, 두 비서 중의 한 분이

"이 글을 읽어 보세요, 사라 씨의 이야기가 쓰여 있습니다."

손에 받아 들고 아래층으로 내려와 오산리 기도원을 가려고 교회 주차장에서 기다리고 있는데 버스가 도착하자마자 금방 사람들로 가득 찼다.

맨 뒷자리에 겨우 자리를 잡고 앉아 숨을 내쉬고 비서가 준책을 펼치니 '실업인선교' 회보 1988년 12월 호 안에 조 목사님의 '심음과 거둠' 말씀 중에 내 이야기가 이렇게 들어있었다.

"제가 이번 미국에서 성회를 끝마치고 나오는데 40대의 한국 자매님이 〈그리 아니하실지라도〉 책을 한 권 주시면서 '목사님 시간이 나시면 한번 읽어보세요'라고 하였습니다.

그래서 돌아오는 비행기 안에서 그 책을 읽어 보았습니다.

제가 그 책을 읽는 동안 감명을 받았습니다.

하루는 기도를 하는데 하나님께서 책을 만들어라 지금까지 뼈저린 고생을 하고 살아온 경험을 책으로 기록하라고 말씀하셔서 여기에 순종을 했다고 적혀 있었습니다.

이 책을 읽으면 눈물이 납니다.

제가 단숨에 눈도 깜짝하지 않고 읽은 책이 그 책입니다.

그래서 제가 일본에 도착하자마자 전화를 했습니다.

'자매님, 제가 책을 다 읽었습니다. 그 책을 읽고 제목에 가시가 걸렸습니다. 자매님이 헌금하신 $250이 가시가 되어 걸렸습니다.'

하자, 그 자매님은 '까르르'하고 웃었습니다.

제가 아직 한국 여자 부흥강사를 초청하여 강단에 세운 적이 없습니다.

이번 1989년 정월 2일과 3일 우리 전 제직들이 기도원에 올라가서 금식 성회를 하는데 당신을 강사로 초빙하겠습니다.

제가 왕복 여비를 보낼 테니까 당신은 한국에 와서 당신의 어려웠던 과거사를 간증하십시오. 이 강단은 세계로 통하니 당신이 여기 한 번 서면 그다음부터 당신은 세계로 나가는 주의 종이 되는 것입니다."

라는 글이었다.

드디어 오산리 기도원 동산에 도착하니, 친절한 인도와 좋은 방을 주셔서 짐을 풀어놓고 금식으로 들어갔다.

그때 오산리 기도원에서는 '다니엘 금식기도' 성회를 하느라고 사

We all rejoiced with our cla
Kim when we learned that Dr. Pa
asked her to come address his
the International Prayer Mounta
Gospel Church located in O
Sarah's honor began, after app
at the 1988 VCC Church Gro
She handed Dr. Cho a copy o
book entitled "But If He Does
to read it. Dr. Cho thanked
ushered off. One month late
Sarah received a telephon
identified himself as Pastor
of anyone she knew name
responded, "Do I know
"Yes, this is Yonggi Cho
book to read." Before Dr.
he said, Sarah was scr
shock of Dr. Cho calling
had waited to call, kn
awaken soon to attend
Dr. Cho explained that
book cover to cover
spiritual blessing. Thi
to Korea. Sarah's retur
rejoicing as she rep
packed house, and w
woman ever to stand

방에서 몰려온 사람들로 구름떼같이 모였는데 산이 마치 사람들로 옷을 입은 듯했다.

나의 간증은 1989년 1월 2, 3일 저녁에 조용기 목사님의 설교가 끝난 후 곧바로 하는 것으로 스케줄이 짜 있었는데 특별히 조 목사님의 설교를 들으러 심령이 목마른 사람들이 어찌나 더 많이 오셨던지 발 디딜 틈도 없이 장관이다.

그래서 최자실 목사님 외에는 어느 여자분도 서 본 적이 없다는 제일 높은 강단 위에 서서 간증을 하는데 어찌나 황공하고 떨리던지 진땀이 났지만 아무튼 무사히 끝을 마쳤다.

그리고 모두들 은혜받고 감동받았다며 한국 각처에서 오신 약 30-40명의 부흥 강사님들을 소개해 주셔서 내 간증 책을 사인해서 한 권씩 드리니 기뻐하시면서 몇 분들의 목사님께서는

"저는 광주에서 온 ○○목사입니다."

"부산에서 온 ○○목사입니다."

자기소개를 하시면서 나더러 당신께서 시무하시는 교회에 와서 간증을 해 달라고 초청을 하신다.

하지만, 나는 미국으로 돌아가야 한다는 이유를 대면서 자연스럽게 거절을 했지만 사실은 간증을 다닐 시간이 넉넉히 있었는데도 불구하고 왠지 자신이 없고 두렵고 떨렸기 때문이었다.

이렇게 숨 막히는 나의 간증은 끝이 났다.

그리 아니하실지라도

하나님을 경외하는 유대인 사드락, 메삭, 아벳느고 세 사람은 느브갓네살 왕이 세운 금 신상에 엎드려 절하지 않은 이유로 극렬히 타는 풀무 가운데 던져지는 환경에 처했을 때 그들은

"왕이여 우리가 섬기는 우리 하나님이
우리를 극렬히 타는 풀무 가운데서 능히 건져 내시겠고
왕의 손에서도 건져 내시리라.
그리 아니하실지라도
왕이여 우리가 왕의 신들을 섬기지도 아니하고
왕이 세우신 금 신상에 절하지 아니할 줄 아옵소서 대답하니
느브갓네살이 분이 가득하여 사드락과 메삭과 아벳느고를 향하여
얼굴빛을 바꾸고 명하여 이르되
그 풀무를 뜨겁게 하기를 평일보다 7배나 뜨겁게 하라 하고
그들을 결박하고 극렬히 타는 풀무 가운데 떨어트렸더라.
느브갓네살 왕이 내려다보니 결박되지 아니한
네 사람이 불 가운데 다니는데 상하지도 아니하였고
그 넷째 사람은 신들의 아들과 같더라. 왕이 놀라 하나님의 종
사드락 메삭 아벳느고를 불러서 이리로 오라 하매
그들이 불 가운데서 나온지라 이들을 본즉
불이 능히 그 몸을 해하지 못하였고 머리털도 그슬리지 아니하였고
불탄 냄새도 없었더라" -다니엘 3장

다니엘

"다리오 왕이 방백 120명을 세워 전국을 통치하게 하고
또 그들에게 총리 셋을 두었는데 다니엘이 그중의 하나였다.
다니엘은 마음이 민첩하여 총리들과 방백들 위에 뛰어나므로
왕이 그를 세워 전국을 다스리게 하니 다른 두 총리가 질투가 나
다니엘을 죽이려고 모사하여 왕에게 한 율법을 세우며
이제부터 30일 동안 누구든지 왕 외에 어떤 신에게나 사람에게
무엇을 구하면 사자 굴에 던져 넣기로 한 것이라
이에 다리오 왕이 조서에 어인을 찌고 금령을 내니라

다니엘이 이 조서에 어인이 찍힌 것을 알고도 자기 집에 돌아가서는
그 방의 예루살렘으로 향하여 열린 창에서 전에 하던 대로
하루 세 번씩 무릎을 꿇고 기도하며 그 하나님께 감사하였더라.
무리들이 모여 서서 다니엘이 자기 하나님 앞에 기도하며 간구하는
것을 발견하고 왕께 아뢰되, 왕이여 왕이 이미 금령에 어인을 찍어서
이제부터 30일 동안에 누구든지 왕 외에 어느 신에게나 사람에게
구하면 사자 굴에 던져 넣기로 하지 아니하셨나이까

이에 왕이 명하매 다니엘을 풀어다가 사자 굴에 던져 넣은지라.
왕이 궁에 돌아가서는 밤이 맞도록 금식하고 그 앞에 기악을 그치고
침수를 폐하니라

이튿날에 왕이 새벽에 일어나 급히 사자 굴로 가서
다니엘이든 굴에 가까이 이르러는 슬피 소리 질러
다니엘에게 물어 가로되
사시는 하나님의 종 다니엘아 너의 항상 섬기는 네 하나님이
사자에게서 너를 구원하시기에 능하셨느냐

다니엘이 왕께 고하되,
왕이여 원 컨대 왕은 만세수를 하옵소서.
나의 하나님이 이미 그 천사를 보내 이
사자들의 입을 봉하셨으므로
사자들이 나를 상해치 아니하였사오니
나의 무죄함이 그 앞에 명백하오니
또 왕이여 나는 왕의 앞에도 해를 끼치지 아니하였나이다
왕이 심히 기뻐서 명하여 다니엘을 굴에서 올리라 하며
그들이 다니엘을 굴에서 올린 즉
그 몸이 조금도 상하지 아니하였으니
이는 그가 자기 하나님을 의뢰함이었더라.
왕이 명을 내려 다니엘을 참소한 사람들을 끌어오게 하고
그들을 그 처자와 함께 사자 굴에 넣게 하였더니
그들이 굴 밑에 닿기 전에 사자가 곧 그들을 움켜서
그 뼈까지 부서뜨렸더라.” - 다니엘 6장

신앙이란?

극렬히 타는 풀무 속에 떨어지고

사자 굴에 던져지는 시험에 부딪쳤을 때

그들에게 천사들을 보내어 건져 주시는

전능하신 하나님을 믿는 것이지만

“그리 아니하실지라도”

약속의 말씀을 붙잡고 끝까지 나아가는 것이 참 신앙인입니다.

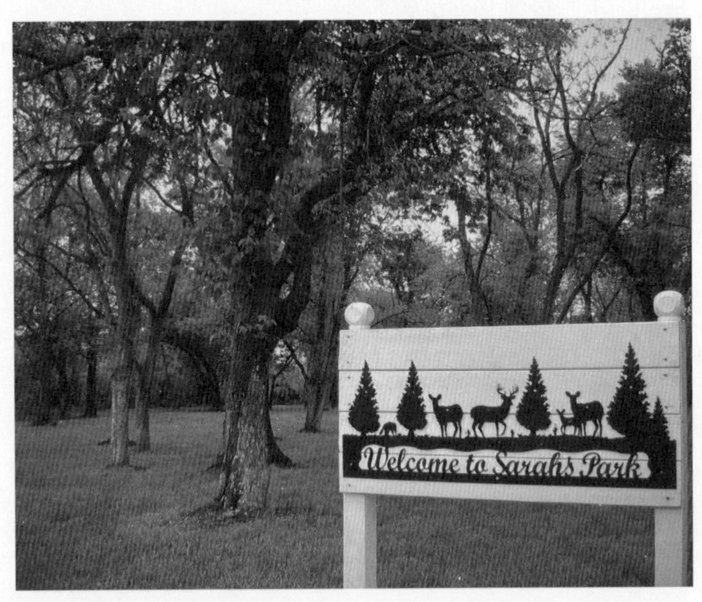

삶의 목적이 무엇이냐고 묻는다면

만일 당신이 김사라의 삶의 목적이 무엇이냐고 묻는다면, 저는 이렇게 대답을 할 것입니다.

내가 어디서 와서 어디로 가는지의 참 진리를 알고 난 후부터는 온 마음과 정성을 다해 여호와를 사랑하며 그리스도의 형상을 닮아 주의 향기를 풍기려는 것이라고..

너무나 외롭고 고독하여 몸부림치며 울부짖었던 수많은 밤들, 피곤한 육체가 고달프고 지칠 때면 하루라도 더 빨리 미움도, 아픔도, 죄악도 없는 하늘나라에 가서 살기를 얼마나 고대했는지 모른다고..

그러나

"세상에서는 너희가 환란을 당하나
담대하라 내가 세상을 이기었느니라"
요한 16: 33

고 하신 말씀을 믿는 것이라고... 대답할 것이다.

아브라함은 본토 친척 아비의 집을 떠났으며
모세는 40년의 광야 생활을 했습니다.
요셉은 13년의 험하고 모진 객지 생활을 했었는데
형들의 질투로 말미암아 구덩이에 빠지기도 하고 이집트 나라에

종으로 팔려가서 시위대장 보디발 아내가 동침하자는 유혹을 거절한 이유로 죄도 없이 감옥에 들어가는 말 할 수 없는 억울한 삶을 살았어도

'여호와께서 나와 함께하신다.'

라는 확고부동한 믿음이 있었기 때문에 나중에는 왕궁에서 살 수 있는 놀라운 축복을 받고 살았다.

김사라도, 어떠한 환경이나 문제에 닥칠 때 억울함을 당할지라도 감정에 흔들리지 않고

"하나님이 나와 함께 하신다"

라는 믿음으로 굳게 서서 성령님의 힘을 의지하여 걸어갈 것이다.

"누가 우리를 그리스도의 사랑 안에서 끊으리오
환난이나 곤고나 핍박이나 기근이나 적신이나 위험이나 칼이랴
기록된바 우리가 종일 죽음을 위하여 죽임을 당케 되며
도살한 양같이 여김을 받았나이다 함과 같으리라
그러나 이 모든 일이 우리를 사랑하시는 이로 말미암아
우리가 넉넉히 이기느니라. 내가 확신하노니
사망이나 생명이나 천사들이나 권세자들이나
현재 일이나 장래 일이나 능력이나 높음이나 깊음이나
다른 아무 피조물이라도 우리를
우리 주 그리스도 안에 있는 사랑 안에서 끊을 수 없느니라"

-롬 8:35~39

그리스도 예수 안에 있는 생명의 성령의 법이 김사라를 죄와 사망의 법에서 해방시켜 주셨고 영으로서 육을 죽이면 산다고 말씀하셨기 때문에 나는 승리자이고 자유함을 받았다.

내 삶에 부닥친 무수한 시험 속에서도 오뚝이같이 쓰러졌다 일어섰다 하면서 힘이 들었지만

'그리 아니하실지라도 하나님이 나와 함께 하신다.'

라는 믿음으로 예수님 한 분만을 꼭 붙들고 의지한 덕택에 그 말씀이 빛이 되어 잘 견디어 온 것을 감사드린다.

내 영의 눈이 떠져서 평안함을 주시니 감사하고 아들 필립 역시 잘 자라줬으니 고맙다. 알코올 중독자 필립 할머니가 크리스천으로 변했고 사랑하는 둘째 언니와 큰 언니도 하나님을 믿게 되었다.

십자가는 더하기(+) 빼기(-)가 아니고 십자가를 바라보는 자 모두에게 승리와 부활이 있으리라

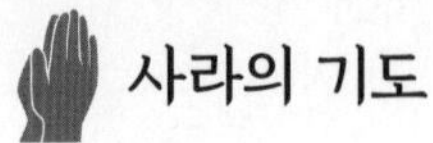

사라의 기도

'죄 속에 빠져 저주에서 고통을 받는
우리가 불쌍하여
희생의 선물로 당신의 생명을 다 바쳐
우리를 구원해 주신 주님,
그 사랑이 내 영혼에 울려 가슴에 저립니다.
하나님의 형상과 모양으로 빚어진 인간
나 이제 예수를 닮아서 사랑을 전하려 하오니
주님께서 겟세마네 동산에서
피와 땀방울을 흘리면서 기도하실 때
천사들이 힘을 도와주셨듯이
천사들이여,
저를 도우사 영에 힘을 강하게 더해주시고
생명나무, 성령의 열매, 사랑의 과실만 먹고 또 먹어
내 영혼에 평화가 연속되어 숨 쉬게 하소서'

"그리스도께서 우리를 위하여 저주를 받은 바 되사
율법의 저주에서 우리를 속량 하셨으니

우리가 율법의 행위에서가 아니고
그리스도를 믿음으로써 의롭다 함을 얻으려 함이라

그리스도 안에 있는 구속으로 말미암아

하나님의 은혜로 값없이

의롭다 하심을 얻은 자 되었으니

사랑으로서 역사하는 믿음뿐이니라"

갈 3:13, 2:16, 5:6 롬 3:24

"형제를 미워하는 자는 어두운 가운데 있다" -요일 2 : 11

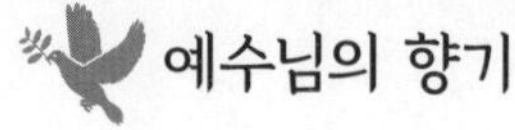

예수님의 향기

황홀하도록 아름답고
신비하도록 향기가 좋은 장미꽃을

나는
예수님의 향기
라고 이름을 붙여본다.

장미꽃을 닮은 향기가 좋은 분들은
사람들의 마음을 기쁘게 해 주는데

주여
지구 방방곡곡에 사는
모든 크리스천들이

저마다 한 송이 꽃이 되어
사랑의 향기를 뿜게 하소서

그리하여 주님의 향기로
당신의 나라를 이루소서.

당신은

사랑의 향기입니다.

-이 모든 것 주님이 쓰게 하셨습니다!!

하늘에 계신이가 웃으심이여 나도 웃나이다

발 행 일 | 2023년 12월 5일

지 은 이 | 김사라
펴 낸 이 | 배수현
디 자 인 | 천현정
제 작 | 송재호
홍 보 | 배예영
물 류 | 이슬기
문 의 | 안미경

펴 낸 곳 | 가나북스 www.gnbooks.co.kr
출판등록 | 제393-2009-000012호
전 화 | 031)959-8833(代)
팩 스 | 031)959-8834

ISBN 979-11-6446-087-8(03230)

※ 가격은 뒤표지에 있습니다.
※ 잘못된 책은 구입하신 곳에서 교환해 드립니다.